Saying it in English By The Daily Yomiuri
コレって英語で？

デイリー・ヨミウリ 編

東京堂出版

はじめに

　新しい靴を買ったが，古い靴にも愛着があり，なかなか捨てられない，いや，捨てるのが「もったいない」とつい思ってしまう。この「もったいない」は英語でどう表現するのだろうか。
　高校時代や大学時代の先輩，後輩関係は社会人になっても，いや，社会に出てから，一層，親密さや大切さが増していくような気もする。「先輩，後輩」って英語ではどう表現するのだろうか。
　新聞やテレビを見ていて，相次ぐ，児童虐待のニュース。可愛くないはずがない子供たちにどうしてあのような非情な仕打ちをできるのだろうか，と憤りを感じざるを得ない。「児童虐待」って，でも，どのように英語で言うのだろうか。
　上記のような，我々が普段の生活の中で感じる，英語表現にまつわる素朴な疑問に答えよう，と始まったのが，読売新聞の金曜夕刊（東京本社発行分）のコラム「コレって英語で」です。
　私たちは読売新聞が発行する英字新聞「デイリー・ヨミウリ」に勤務しています。日々，英語に触れ合いながら新聞編集に取り組んでおり，「この日本語表現を英語で翻訳するのは苦労しそうだ」などと思ったり，逆に「ああ，これは英語の奥行きを感じる表現だな」などと思うことはしばしばです。
　夕刊で読者の英語にまつわる素朴な疑問に答えるコラムをデイリー・ヨミウリのスタッフ記者に担当して欲しいという要請が来た時，自然と，この「コレって英語で」を手がけようということになった次第です。

現代日本の社会には、好むと好まざるに関わらず、カタカナ表記の言葉があふれています。国立国語研究所では、わかりにくいカタカナ語（外来語）の言い換えを提案しており、すでに170を超える言い換えの事例を公表しています。「アミューズメント」は「娯楽」、「カスタムメード」は「受注生産」、「フリーランス」は「自由契約」といった具合です。

　言い換えの事例は従来の日本語でも十分、その意味するところを表現できる言葉があり、わざわざ、外来語を借用する必然性がないことから起きている動きでもあります。美しい日本語の伝統を守り、後世に伝えていく大切さは言うまでもありません。

　「コレって英語で」のコラムは、日本語で「市民権」を得たように使われている数多いカタカナ語の中には、実は英語ではそうした意味では使われておらず、それを承知していないと、いざ英語を使ってやりとりしようとする時、いらぬ誤解を生むことが多々あることに着眼、読者に正しい英語表現を伝えていこうとの願いも込めました。

　第1回目に取り上げた表現は当時大きな社会問題になっていた「オレオレ詐欺」で、柴崎清孝デスクにひな形の原稿を書いてもらいました。以来、これまでに、執筆陣に名を連ねたのは、石田格也、塚原真美、桜井陽介、茂原利枝子、早乙女泰子の5人のスタッフ記者。2006年夏の時点では、石田、塚原、早乙女の3人が交代で担当しています。普段は読売新聞の翻訳、英字紙面のレイアウトなどに活躍している中堅スタッフです。

　毎週金曜日掲載で、2004年4月にスタートし、気がついたら、2006年4月に100回を数えるまでに至りました。今回、東京堂出版より、書籍化の話があり、100回目までのコラムに加筆、まとめました。冒頭に紹介した「もったいない」「先輩、後輩」「児童虐待」もこの中に収められています。

はじめに

　夕刊のコラムは時節や当時の出来事を念頭に執筆しています。書籍化に当たっては，なるべく，読者の皆さんが手にしても，「違和感」のないよう配慮しましたが，コラムの味わいを壊さないため，あえて，手を入れない表現も一部残りました。この点，ご容赦ください。

　実際の夕刊紙面では，はがきやEメールで質問を寄せていただいた読者の氏名も掲載していますが，書籍化に当たっては氏名掲載は控えさせていただきました。今回の書籍化は読者のご愛読がなければ実現し得ないものでした。ここに改めて謝意を表したいと思います。また，金曜夕刊の連載は今も続いています。こちらの方も引き続きご愛読いただけたら幸甚です。

　なお，イラストは夕刊掲載時のものをそのまま活用しており，読売新聞デザイン課の佐々木明日香，藍原真由両氏の作品です。

　英語（外国語）を学ぶことは，世界への新しい窓を開け，また，自国（国語）についても思わぬ発見をする楽しい行為です。「コレって英語で？」(Saying it in English) が皆様の楽しい英語学習の一助になれば幸甚です。さあ，Let's learn English expressions with useful references to Japanese.（日本語との差異もあれこれ参考にしながら，英語の表現を学んでいきましょう）

2006年9月吉日

　　　　　　　　　　　　　　　　　　読売新聞英字新聞部
　　　　　　　　　　　　　　　　　　デイリー・ヨミウリ編集長
　　　　　　　　　　　　　　　　　　那須省一

コレって英語で？●目次

はじめに 1

慣用表現・決まり文句

相　性	8
後を引く	10
言い出しっぺ	12
いざというとき	14
位置について	16
うんちく	18
起きて	20
お察しします	22
お幸せに!	24
お疲れ様	26
落としどころ	28
おめでた	30
恩返し	32
書き入れ時	34
頑張れ！	36
切りがない	38
切り札	40
気を使う	42
継続は力なり	44
けじめ	46
こちらこそ	48
3度目の正直	50
失礼いたします	52
筋を通す	54
調子に乗る	56
伸びしろ	58
冷や汗	60
豹　変	62
別　腹	64
もらい泣き	66
りんとして	68

目　次

流行語・若者言葉

イケメン……………………72	はまる……………………82
癒やし系…………………74	ビミョー…………………84
キレる……………………76	負け犬……………………86
チョー気持ちいい………78	やばい！…………………88
バツイチ…………………80	

世相を表す表現

甘　え……………………92	ずさんな…………………112
おれおれ詐欺……………94	ストレス発散……………114
クールビズ………………96	第二の人生………………116
景気回復…………………98	脱　法……………………118
心の豊かさ………………100	着メロ……………………120
児童虐待…………………102	ネット依存症……………122
就職戦線…………………104	魔　法……………………124
食　育……………………106	民間人……………………126
女性専用車両……………108	ゆとり教育………………128
救　い……………………110	

英語にない表現　ニュアンスの違いを英語で的確に伝えるために

甘んじる…………………132	頑固な……………………140
いただきます……………134	ごちそうさま……………142
お世話になります………136	させていただく…………144
お互いさま………………138	時代劇……………………146

5

素直な	148	懐かしい	158
せっかく	150	もったいない	160
体育会系の先輩後輩	152	野球人として	162
～ちゃんのママ	154	よろしくお願いします	164
とうとう	156		

カタカナ語・和製英語

アンサーバック	168	サポーター	180
エイリアン	170	仕事モード	182
オンリーワン	172	ノルマ	184
ガッツポーズ	174	マイブーム	186
カリスマ	176	ラストスパート	188
ゴールイン	178	リフォーム	190

季節にちなんだ表現

新年の誓い	194	寝不足	206
お花見	196	暑気払い	208
エープリルフール	198	ラジオ体操	210
五月病	200	名　残	212
衣替え	202	台風の目	214
暑中見舞い	204	忘年会	216

日本語索引　218

●見出し語欄の日付は読売新聞掲載日を表しています。
●本文イラスト　読売新聞デザイン課／佐々木明日香，藍原真由

慣用表現・決まり文句

相性●後を引く●言い出しっぺ●いざというとき●位置について●うんちく●起きて●お察しします●お幸せに！●お疲れ様●落としどころ●おめでた●恩返し●書き入れ時●頑張れ！●切りがない●切り札●気を使う●継続は力なり●けじめ●こちらこそ●３度目の正直●失礼いたします●筋を通す●調子に乗る●伸びしろ●冷や汗●豹変●別腹●もらい泣き●りんとして

Saying it in English

相　性

2004/05/01

　友人，異性との付き合い，夫婦間，または職場の上司・部下の関係……。身の回りにさまざまな人間関係が存在します。「相性」の良しあしがとやかく言われることも少なくありません。

　英語で「AとBの相性」は"(personal) chemistry between A and B"と表現することができます。人間関係を化学のchemistryと表現するのは興味深いですね。お互いの性格，個性が交錯して"化学反応"を起こし，その結果生まれたものが「相性」というわけです。

「ケミストリー」という男性2人のボーカル・ユニットは，「お互いの歌声が"化学反応"を起こして無限のパワーを生み出す」との期待を込めてプロデューサーが命名したそうです。

　次は，先月（2004年4月）26日に政権誕生から4年目に入った小泉首相と米国のブッシュ大統領が築いてきた信頼関係の強さを伝えるデイリー・ヨミウリの記事からの抜粋です。

> One of the senior U.S. government officials who attended the seminar said: "The personal chemistry between Mr. Bush and Mr. Koizumi is superb. It exceeds the good relationship between Reagan and Nakasone 20 years ago."
>
> (April 26, 2004)

（そのセミナーに出席した米高官のひとりは，「ブッシュ・コイズミ

の相性はすばらしい。20年前のロン・ヤス（レーガン大統領と中曽根首相）関係をしのいだ」と語った）

❖ senior government official は政府高官。attend は meeting, ceremony など，さまざまな会合に「出席，参列する」。exceed 〜は「〜に勝る，〜を上回る」。

また，動詞 have を用いて have good (bad) chemistry with 〜で，「〜と相性が良い（悪い）」とも言えます。

相性が良いと同じ意味では，

They were on the same wavelength from the start. （彼らは初対面のときから波長が合った）

逆に相性が悪い方では，

They fight like cats and dogs. （彼らは犬猿の仲だ）

犬と仲が悪い動物は，日本語ではサルですが，英語ではネコ。

また，うまくいかないことを水と油の関係になぞらえるのは日英同じようです。

My wife and my mother are like oil and water. （妻と私の母は水と油のようだ）。

嫁しゅうとめの関係はともかく，結婚で選んだ相手は「生涯の伴侶」(companion for life)。最高の"化学反応"を起こす関係でありたいものです。

(石田)

後を引く

2005/08/19

　今回のテーマは東京都八王子市のNさんからいただいた質問です。小学校6年生のお孫さんが手製の漬けものを食べた後の感想が「おいしい，後を引く」だったそうです。この年齢の児童からはなかなか聞けない言葉遣いですが，Nさんは食べ物をはじめ，音楽，映画などの感動がしばらく続く様子を表す「後を引く」の英語表現を知りたいというものでした。

　この場合だと，

　　These homemade pickled vegetables are good enough to make me want more.

　または，cannot help —ing（～せずにはいられない）を使って，

　　It is so good that I can't help wanting more.

などの表現が可能です。いずれも「おいしくてもっと欲しくなる」という意味です。また関連として，

　　Nobody can eat just one of these potato chips.（このポテトチップス，一つ食べたら止まらない）

も一緒に覚えておきたい表現です。

　食べ物以外でも，

　　Theatergoing grows on you.（芝居見物は後を引くよ）

などは，一度見た芝居がきっかけとなり，ますます好きになるといったニュアンスが感じ取れます。

さて，似た表現に「尾を引く」というのがありますが，こちらは「物事の影響や余波がずっと後まで続く」といった否定的な意味で使われます。

　ご存じの通り，今月（2005年8月）8日，参議院本会議で郵政民営化関連法案が否決された後，小泉首相は衆議院を解散し，来月11日に選挙が行われることになりました。次は衆院選に臨む自民党を取り上げた例文です。

> As the lingering effects on the Liberal Democratic Party members' split over postal privatization bills remain in both houses, it is certain that the LDP will be forced to play a tough game in the general election. （自民党は，衆参両院で行われた郵政民営化関連法案の採決で同党議員の賛否が割れた影響が尾を引いて，衆院選では苦戦を強いられるのは必至だ）

また，選挙後も衆院での過半数獲得を巡り様々な動きが予想され，
> It looks as if the battle between those for and those against the bills will drag on for some time.

法案賛成派と反対派の争いがしばらく尾を引きそうなことを述べた一文です。

(石田)

言い出しっぺ

2004/10/29

　話し合いの場で，グッドアイデアと思い提案したところ，意外にも採用され，「言い出しっぺ（言い出した本人）がやるのが筋だろう」などと言われて結局責任者になるはめに。こんな経験をしたことはありませんか。

　この「言い出しっぺ」は，元々「最初に臭いと言い出した者が実は放屁の当人であること」(The one who complained of the smell first is the one who farted.) から，転じて，「言い出した者がそれをするはめになる」という意味です。

　英語でよく使われる表現は the (first) one to bring it up。例えば，

　　You brought it up first.（あなたが言い出しっぺだ）

　　Who brought it up?（誰が言い出しっぺか）

などです。その他，

　　It was your idea, so you do it first.（君が言い出しっぺなんだから，君からやれよ）

　　He's the one who suggested taking the course. So why hasn't he applied for it yet?（そのコース受けようって言い出したのは彼なのに，なんで言い出しっぺの彼がまだ申し込んでないわけ）

となります。

　中国の故事で日本語でもおなじみの「まず隗より始めよ」も同じ意味で使われます。Practice what you preach.（人に説くことを実

行しなさい）は，他人に説教めいたことばかり言って行動に移さない人には耳の痛い表現でしょう。言い出しっぺには，「言い出した者が仕方なく責任を取らされる」といったニュアンスが感じ取れます。

一方，「率先垂範」は，スポーツ競技や組織のリーダーの資質として大切な要素です。口数は少ないながらもプレーや実行力で他を引っ張ってくれるリーダー像が浮かんできます。

この「率先垂範」は，take the initiative and set a good example for others です。

> Lead others through your actions, not words. （言葉ではなく，実行することで他の人たちをリードしなさい）
>
> Lead the way by setting an example. （手本を示すことでリードしなさい）

などの表現も覚えておきたいところです。

さて，最近のスポーツ選手の中には，不言実行（action before words）ではなく，大きな目標を公言して自らにプレッシャーをかけ，それをばねに記録達成に向けて努力する「有言実行」型（be faithful to one's own words）が増えています。ただし，相応の実力が伴わないと言える言葉ではないようですが。

今回は東京都の M さんの質問に答えました。　　　　　　　（石田）

いざというとき

2005/09/16

　米国南部では (2005年) 8月末，ハリケーン「カトリーナ」によってミシシッピ川河口付近のニューオーリンズのほとんどが水にのみ込まれ，日本では先週，台風14号の襲来で25人の死者を出すなど，それぞれ大きな被害をもたらしました。

　「天災は忘れたころにやってくる」(A natural disaster hits us when we least expect it. または，A natural disaster comes to us when we forget the last one.) は，物理学者で随筆家の寺田寅彦が残した警句ですが，最近の地震，台風など大災害をもたらす天災は「忘れる暇もなく」やってくる感じです。

　自然災害への防災対策の基本は「備えあれば憂いなし」。家屋の耐震補強，避難場所の確保，防災グッズの整備などをすることで，

　　Be prepared and have no regrets.

というわけです。

天災などの非常事態の場合,「いざというときに備える」は, prepare for an emergency, provide against an emergency, または, be prepared for the worst。具体的に目的語を伴う場合は, keep something for a rainy day などの表現が可能です。

in a pinch は,「困難」「危機」「切迫」などの意味で, 日本語の「いざ」という状況と同じように広く使える表現です。

> I hear things aren't going well at your company. You can count on me in a pinch. (会社の経営がうまくいってないようだね。いざというときには私が力になるよ)

ただし, pinch を使うと, 非常に口語的になるため, きちんとした文章では避けたほうがよさそうです。

状況に応じて, if you have some trouble (困ったとき), if something should happen (何か起きたときには), if it's necessary (必要なときは) などを使い分ける必要があります。例えば,

> Don't worry about money. If it's necessary, come and ask me for it. (金のことで悩むことはない。いざというときは私のところへきなさい)

また, 計画などの最終段階や正念場に差しかかった時に用いるニュアンスでは,

> When the time came to start the project, he backed down.
> (いざ計画を始める時になって, 彼は手を引いてしまった)

さて, 英語学習者にとって,「いざというとき」に気の利いた表現が自然に使いこなせるように, ふだんから英語を brush up する努力を怠らないようにしたいものです。

(石田)

位置について

2004/08/13

　2004年の夏を彩ったアテネ五輪。柔道，野球，女子レスリングなど日本のメダルの期待がかかる種目はもちろんのこと，世界最速スプリンターを決める陸上100メートルは熱くなりますね。

　今回は，陸上競技でおなじみの「位置について，用意，ドン」を英語で何と言うのかという質問をいただきました。

　英語では On your mark... get set... go! です。

　短距離の場合，On your mark の合図で両手をスタートラインの手前につき，スターティングブロックに足をかけます。次の get set で腰を上げ静止。ただし，公式競技では実際に go! とは言いません。代わりにスタート合図用のピストル（starting pistol）の号砲でスタートをきります。

　ちなみに水泳では On your mark... の後，すぐに号砲が鳴ります。

　不正スタートのことをよく「フライング」と言いますが，これは和製英語で，正しくは false start。The runner jumped the gun. と言うこともできます。

　スターティングブロックに引っ掛けた表現では，

　　He is very quick out of the blocks.（彼は行動に移るのがとても早い）

quick off the mark も同じ意味で，いち早く物事にとりかかる，すかさず好機を利用するということです。

五輪と言えば，近代五輪の創立者クーベルタン男爵が残した次の言葉はあまりにも有名です。

The important thing in the Olympic Games is not winning, but taking part. The essential thing in life is not conquering, but fighting well. (オリンピックは勝つことではなく，参加することに意義がある。人生において重要なのは征服することではなく，よく戦うということだ)

* * *

今回質問をいただいた神奈川県小田原市のKさんは中学生時代，英語の先生が教室に入るとStand up, bow, sit down. (起立，礼，着席) と言っていたことを記憶されているそうです。文法的に問題はありませんが，英語圏の国では，Good morning, class. や Good afternoon. と，先生が生徒に呼びかけるのが普通だそうです。

(桜井)

うんちく

2004/11/19

　最近,「うんちく」という言葉を頻繁に聞くようになりました。「研究して蓄えた学問,技能,芸術などの深い知識」のことですが,人気の漫才コンビが自分たちのネタとしてテレビ番組でこの言葉を連発しています。

　英語では,a fund of knowledge, a great stock of knowledge, profound (extensive) knowledge などです。例文を引くと,

　　She has a tremendous fund of knowledge about wine. (彼女はワインに関してはなかなかうんちくが深い)

　また,「うんちくを傾ける」は,「自分の持っている知識のありったけを発揮する」ことで, apply the whole knowledge to..., pour one's stock of knowledge into..., draw on one's deep learning などの表現が可能です。

　一方,「雑学的な知識」は,trivia。もともとは「くだらない,取るに足りない」の意味です。民放のテレビ番組のタイトルでもおなじみですね。

「tri」は「3」,「via」は「道」の意味で,つまり「三叉路」です。三叉路は大通りではなく区画整理されないことから,「大した道ではない」となり,trivia には「大したことのない」の意味が残ったと言われています。

　形容詞は trivial で, trivial problem は,「ささいな問題」。

さて,「うんちく」と「知ったかぶり」は別物です。

「知ったかぶりをする」は,pretend to know all the answers という決まった言い方があります。「〜について」がつくと,pretend to know all (everything) about... がよく使われます。例えば,

> He pretends to know all (everything) about U.S. culture.
> (彼は米国文化について知ったかぶりをする)

です。

「知ったかぶりをする人」のことを,know-it-all と呼びます。ただし,常に軽蔑や皮肉をこめて,

> He is such a know-it-all that everyone avoids his company.
> (彼は何でも知ったかぶりをするいやなヤツなので,誰も付き合いたがらない)

や,形容詞として,

> Her know-it-all attitude makes her unpopular.(彼女は何でも知ったかぶりをするので人気がない)

などのように使います。

重みも深みもあるうんちくには近づきたいとは思いますが,浅知恵(shallow cleverness)で,知識をひけらかすことは避けたいものです。このコラムの担当者の一人として,この点は肝に銘じたいところではありますが……。 　　　　　　　　　　　　　(石田)

起きて

2004/09/03

新学期が始まり、早起きしなければならない子供や、海外のスポーツのテレビ観戦のため夜型になってしまった人が家族にいませんか？

毎朝、「起きて！」と繰り返しているお母さんなども多いと思います。

さいたま市のMさんから、朝、人を起こす時の言い方を教えて、というはがきをいただき、調べてみました。Mさんは、「Raise and shine という表現があったと思いますが、辞書で見つかりません」と気になっているそうです。

まず一般的な言い方は、

　Get up.
　Get out of bed.
　It's time to get up.
　Hurry up and get up.
　Wake up.

くだけた言い方は、

　Turn out. Show a leg.

足を出して、ベッドから降りる様子が見えるようです。

おたずねの Raise and shine という表現はありませんが、Rise and shine があります。直訳すると「起きて、輝け」。英和辞典に

は、「朝だ、起きろ」「さあ起きましょう」などといった訳が載っています。

Rise だけでは文語的ですが、Rise and shine はよく使われます。Shine をもう少し説明すると、alive like a sun ということで、「起きて、太陽のように元気に輝け」という意味になります。人を太陽にたとえ、Rise like a sun and shine.「太陽のように出てきて、輝け」とも考えられます。

英語を母語とする同僚に聞くと、この表現は子供に言うことが多いそうです。その彼は、「自分では言わないけれど、Mom によく言われた」とのこと。米国の幼児向けテレビ番組「セサミストリート」の絵本にも、早起きの楽しさをテーマにした "Rise and Shine!" というタイトルの本がありました。

ただ Get up. と言われるより、なんだか元気が出て、起きられそうな気がする表現ですね。平叙文で使えば、「起床して元気に一日を始める」という意味です。バラの名前にも、Rise 'n' Shine というのがあります（'n' は and の略）。明るい黄色のミニバラで、朝の太陽の輝きが連想されます。

(早乙女)

お察しします

2005/05/13

　誰かに不幸があった時，その家族に対して言う言葉に「お察しします」があります。読者から，「あいまいさをよしとする日本人ならではの言葉のよう」とのおはがきをいただきました。

　確かに，若い世代では使わない言い方かもしれませんね。また，「察する」という言葉自体，日常会話ではあまり聞かなくなったような気がします。

　でも，英語で表現するとなると，様々な言い回しがあります。

　まず，「お察しします」の場合。他人の気持ちを推し量って同情する (guess someone's feelings and feel sympathy toward the person)，つまり「思いやる」(care about someone's feelings) 意味があります。

　そう考えると，特段日本的な考えに基づく言葉ではないかもしれません。日本語では往々にして，主語だけでなく目的語も抜け落ちる表現があるので，「(傷心の) お気持ち，お察しします」と言い換えれば，

　　I know it hurts.

と，英語でも似たような言い回しになります。

　ほかに，推察する (guess, presume, conjecture, surmise など)，想像する (imagine, suppose など) という意味合いもあります。

　例えば，

I can appreciate her sadness.（彼女の悲しみは察するにあまりある）

などです。

くだけたおしゃべりの中で使うなら，

If I were sensitive enough to notice such small things, I'd be further ahead by now.（そんな細かいことを察することができる性格だったら，もっと出世してるよ）

とか，

I think you are crazy about her.（察するところ，おまえは彼女にほれてるな）

などはどうでしょう。

で，そう言われた「おまえ」は，

You've guessed right.（察しがいいな）

と素直に認めるか，それとも

You're not very perceptive. Haven't you noticed who I'm always watching?（察しの悪いやつだなあ。僕がいつも誰を見てるかわからない？）

と切り返すかもしれません。

ご納得いただけたでしょうか。「若い」私は例文を考えつくのに苦労しました。お察しください。

（塚原）

お幸せに！

2004/11/05

　結婚する同僚に，英語でお祝いのカードを贈りたい。「お幸せに！」と短く一言書きたいけれど，辞書にあったのは，

　　I wish you a long and happy married life.

気のおけない同僚向けには長くて堅苦しい感じがしてしまう。「お幸せに」をそのまま訳して，Be happy! でもいいでしょうか。Good luck!, Good fortune! はどうでしょうか，という読者の質問です。

「お幸せに」に当たる表現はいろいろあり，相手が同年代の友達か，目上の人か，など人間関係や，くだけた場かフォーマルな場かにより，表現を使いわけます。

　くだけた感じのメッセージを贈るなら，Good luck! でも大丈夫です。Be happy! と Good fortune! は間違いとは言えませんが，あまり使いません。

「お幸せに」を意味する短めな定番表現としては，

　　Best wishes to you!

　　I wish you good luck (fortune)!

　　I hope you'll be very happy together.

　　Have a happy life together.

などがあります。

　もう少しフォーマルな感じを出したければ，

I wish you everlasting happiness in your new life.

や

Long life and happiness to you both.

どちらも「末永くお幸せに」。

May your union be a long and happy one.（あなた方の結婚が末永く幸せなものでありますように）

Congratulations (on your marriage)!

と書けば，「（ご結婚）おめでとう」となります。さらに，

It was a beautiful wedding.（素晴らしい結婚式でしたね）

You are a good match.

You two make a beautiful couple.

どちらも「お似合いのカップルですね」。

You are a perfect match in every way.（どこから見てもお似合いの2人ですね）

などと続けることも可能です。

　今回のテーマは，千葉県船橋市のYさんの質問を採用させていただきました。

(早乙女)

お疲れ様

2004/07/23

　日本人は働き者なのでしょうか,「おはよう」や「さようなら」の代わりに「お疲れ様」をよく使います。

　しかし,「お疲れ様」と同じ意味のあいさつは英語には見当たりません。

　近いものとしては, カジュアルな言い方ですが, 例えば仕事を終えて先に帰る同僚に Catch you later., 逆に残業している同僚へ帰り際に Take it easy. と言います。あるいは帰ろうとする上司（部下）が部下（上司）に Have a good night. と声を掛けます。実際,「お疲れ様」は気軽に使うちょっとしたあいさつですから, 感じとしては See you tomorrow. 程度の意味かもしれません。

　また, 人によっては朝, 職場の人などと顔をあわせた時に使うケースもありますが, 少なくとも英語圏の人たちはべつにまだ疲れていないのになぜ？　と奇妙に感じるようです。そう言われればそうですね。

「お疲れ様」は多様です。例えば, 夏ばて（summer weariness）にもめげず仕事をやり遂げた部下に上司が言う「お疲れ様（ご苦労様）」は, Thank you for a job well done. です。

　自分自身や仲間をねぎらう時の「お疲れ様でした」としては, 例えば We all chipped in and did a good job。それぞれ力を出し合っていい仕事をした, つまり「みなさんお疲れ様」。

Let's call it a day. と上司が言えば「今日はお疲れさん」で，部下は帰り支度を始めるといった具合です。

　帰り際の「お先に（失礼します）」もよく聞きますが，こちらも，(Excuse me,) I'll be off now. や，See you tomorrow. といった感じでしょうか。

　ゴルフでは，パター（putter）をきめる前に「お先に」とよく言います。英語では Let me putt out. や I'll go ahead. となります。

　　　＊　　＊　　＊

　ちなみにエレベーターの乗り降りなどで聞かれる「お先にどうぞ」は，Be my guest. または，After you.

　面白い表現としては Age before beauty. です。「美しい人より年上の人が優先」という意味で，自分より若干年上の人に順番を譲る時に使うちょっとしたジョークです。

（桜井）

落としどころ

2004/09/17

　プロ野球再編問題で，選手会と球団側がスト決行を巡って「落としどころ」を模索しながらの交渉を続けた 2004 年秋。

　「落としどころ」という言葉を政治，経済の世界で耳にします。交渉で両者の主張をぶつけ合い，妥協点を見いだして落ち着いた結論 (a point at which both sides can compromise) と言えそうです。

　英語では common ground がよく使われます。「落としどころを心得ている」は，know how to find common ground,「落としどころを探る」は，seek for common ground となります。

　次は，(当時) 次期開催のめどが立たない北朝鮮の核問題を巡る六か国協議の動きを伝えるデイリー・ヨミウリの記事からの抜粋です。

> Seoul will try to seek out enough common ground in the negotiations to try to bring the countries back to the table this week through consultations with China—North Korea's most trusted ally—and Japan.
>
> 　　　　　　　　　　　　　　　(ロイター, Aug. 24, 2004)
> (韓国政府は，北朝鮮の最も信頼の置ける同盟国である中国，そして日本との協議を通して，今週関係国を交渉のテーブルに引き戻すべく，落としどころ（妥協点）を探ろうとするだろう)

　　＊　　　＊　　　＊

妥協する意味の「歩み寄る」は meet (each other) halfway。両者が中間地点で出会うという妥協のイメージがわいてきます。

名詞の「歩み寄り」は，mutual compromise が相当し，

Mutual compromise is the secret of a successful marriage.
(互いの歩み寄りが夫婦円満の秘けつだ)

さて，compromise の形容詞 compromising は否定的な意味合いで使われますので注意が必要です。例えば，

compromising attitude（評判を落とすような態度）

compromising letter（人に見られたら困るような手紙）

in a compromising situation（疑われても仕方のない状況に陥って）

などです。動詞でも，compromise oneself は「自分に妥協する」ではなく，「自分の信用を落とすようなことをする」となります。

(石田)

おめでた

2005/07/08

　先月（2005年6月）末，シドニー，アテネ五輪で女子柔道48キロ級を連覇した谷亮子選手が，来年2月に出産予定であることを明らかにしました。7連覇のかかる9月の世界選手権を辞退，2008年北京五輪ではママさん選手として日本女子初の金メダルを狙うと宣言しました。

　おめでたは文字通り妊娠という意味でpregnancy，形容詞ならpregnantと表現します。ただ，

　　Tani said she was expecting a happy event early next year.

と言えば，これで十分おめでたを意味することもできます。

　pregnantは前置詞withを伴い，

　　When Amanda was three, I got pregnant with David. （アマンダが3つのときに，デビッドを身ごもった）

との表現も可能です。

「妊娠した」以外にもpregnantには「～を含んだ，～に満ちた」の意味があり，a remark pregnant with meaningは「含蓄のある意見」。meaningのほかに，implications（含み），suggestions（示唆）など，幅広い応用が可能です。例文を挙げると，

　　It's really interesting to talk with him because everything he says is so pregnant with meaning. （彼は含蓄のあることを言うので，話をするのがとてもおもしろい）

今も時々目にする「できちゃった婚」は getting married because of an unexpected pregnancy。shotgun marriage は「できちゃった婚」に近い表現ですが，妊娠した娘の父親が相手の男性にショットガンを突きつけて結婚させることに由来したもの。

　外国ではママさん選手の五輪での金メダル獲得の例は多数あります。しかし，日本人女子選手の場合，1964年の東京五輪に体操団体で出場した小野清子，池田敬子選手（当時ともに2児の母）の銅メダルが最高でした。

　さて，「ママさん選手」(a mother and athlete) の道をまい進する柔道界の女王の冒頭の会見での発言をデイリー・ヨミウリは次のように報じました。

> "No Japanese athlete has ever won a gold medal after having a baby. I want to win the gold as a mom."（これまで出産後金メダルを取った日本人選手はいない。母親として金メダルを取りたい）

　2008年の北京五輪の柔道会場では，夫でプロ野球選手の佳知選手と彼に抱かれた子供に見守られながら，谷選手の五輪3連覇達成という光景が見られるかもしれません。　　　　　　　　　　（石田）

恩返し

2005/06/03

　父の日や母の日には、日ごろの「恩返し」(repayment of a favor) にと、プレゼントを用意する人も多いのでは。

　と言うと、「恩返し」なんて大げさ、とか古くさいという声が聞こえてきそうです。昔話の「鶴の恩返し」(The Grateful Crane) は今でもポピュラーですが。

「恩」にあたる英単語はけっこうたくさんあります。favor, benefit, debt of gratitude などです。

「恩を感じる」、つまり、とてもありがたく思っている気持ちを表すには、gratitude がぴったりはまるようです。

　例えば、落としてしまった携帯電話を交番に届けてもらった時は

　　You took the trouble to report my mobile phone to the police box. I can't say how grateful I am. (わざわざ交番に届けて頂いて、何とお礼を言ったらいいか)

などと言います。

　逆は、ungrateful です。

　　What an ungrateful girl you are. (なんて恩知らずな子なんだろうね)

といういじわるなおばあさんのせりふ、どこかで聞いたことありませんか。

　他の言い回しとしては、

He never lets me forget what he's done for me.（あいつはいつも恩に着せる）

Don't bite the hand that feeds you.（恩をあだで返してはいけない）

などもあります。

　一方，律義に恩返しの義務を感じる，という場合もありますね。例えば，世話になった人が借金を背負い，助けを求めてきたとします。大金を貸すのは難しくても，

　　I'm obliged to pay back his kindness.（彼には恩があるんだ）

と無理をしてしまうかもしれませんよね。

　ところで，Pay It Forward（2000年米国公開　原作キャサリン・ライアン・ハイド　邦題「ペイ・フォワード」）というアメリカ映画があります。主人公の少年が，「世の中を変えるにはどうしたらいいか」という宿題の答えとして考えたコンセプトが題名になっています。誰かに親切にしてもらったら，その人にpay back「お返しをする」機会を待つことなく，困っている人を見たらすぐにpay it forward，いわば「恩返しの前倒し」をすることで，親切な行為を広げていこう，というものです。

　この作品が基になった同名の基金も設立されています。いかにもアメリカらしいお話ですね。

(塚原)

書き入れ時

2005/08/05

　8月に入り，いよいよ夏本番ともなれば，各地のリゾートはこれからが書き入れ時，といった感じになります。

　この「書き入れ時」の語源は，利益を帳簿に書き入れるのに忙しい時（the time when one is busy entering sales profits in the account book）ということで，売り上げが良くて最も利益の上がる時（most profitable season）を意味します。一言で言えば，busy (busiest) season (hours) などとなります。

　例えば，夏休みに避暑地に行った時の会話で，「軽井沢のような高原リゾートは，やっぱり夏が書き入れ時なんでしょうね」なら，

　　Highland resorts like Karuizawa must be in their highest season in summer.

とか，

　　Summer must be the busiest time of year at highland resorts like Karuizawa.

となります。ほかに，

慣用表現・決まり文句

I've heard ice cream shops actually earn most of their profit during spring and early summer, not midsummer.（アイスクリーム屋さんの書き入れ時って，実は真夏じゃなくて春から初夏なんですって）

また，

They're busiest at that coffee shop when children drop by after school for some shaved ice.（あのカフェの書き入れ時は，子供がかき氷を食べに来る放課後だ）

この場合，文中の they は店員を指します。

ところで（2005年）7月23日，同時爆破テロが起きたエジプト有数の保養地シャルムエルシェイクもこれからの季節が書き入れ時だったとのこと。それが一転してホテルにキャンセルが相次ぎ，観光客の流出が始まったというのですから，観光産業には大きな打撃となりそうです。7月25日付の読売新聞によると，ある旅行会社のエジプト人添乗員は「欧州のバカンスが本格化する8月にかけてが，大事な書き入れ時。今年の夏はもう仕事が期待できない。何とバカなことをしてくれたものだ」と嘆いていました。これを英語にすると，

Now through August is our highest season, when Europeans take their vacations. We can't expect good business this summer because of these terrorist attacks. What a stupid thing they did.

というところでしょうか。

憎しみと苦しみを増すだけのテロ。世界からこういった悲惨なニュースがなくなる日が来てほしいものです。 　　　　　　　（塚原）

頑張れ！

2004/08/20

　スポーツ中継で懸命に闘う選手の姿を見てテレビの画面に向かって思わず「頑張れ！」と叫んでしまうことがあります。試合を見ていてまさに勝敗が決まるような瞬間に思わず口にしてしまうのが，

　　C'mon! (Come on!)
　　Go!
　　Hang in there!
　　You can do it!

など。野球やサッカーの試合などで，相手チームの猛攻をしのいでいる時は，

　　Hang in there!
　　Hold on!

がぴったりの表現です。また健闘を期待して声援を送る場合は，

　　Good luck!
　　Do your best!
　　Try hard!
　　Give it all you've got!

などがあります。緊張し過ぎないように肩の力を抜いてと言いたい場合は

　　Take it easy! や Just relax!

　　　　*　　*　　*

オリンピックでやはり気になるのはメダルの行方です。2000年のシドニー・オリンピックで金メダル3個，4年後のアテネでも金メダル2個を獲得した水泳のイアン・ソープ選手（豪州）はアテネ開幕前，こんなふうに語っていました。

"I don't swim for medals; I swim for performances. The difference between (the two) is that you have control over the performance, you don't have control over where you come in the race. So I concentrate all of my energy on being able to get the best performance out of myself. I think it's the right way and the best way to approach a competition."

(2004年8月11日付デイリー・ヨミウリより抜粋)
(「僕はメダルのために泳ぐのではない。いい泳ぎをするために泳ぐ。どう違うかというと，いい泳ぎをするのは自分次第だが，何位になるかは自分の力を超えたところで決まる。だから僕は自分自身で最高の泳ぎができるようにもてる力全部を集中させるしかない。これが競技に臨む最良のやり方だと思う」)

＊　＊　＊

オリンピックは選手たちが極限のパフォーマンスを披露する場。応援する側にもますます力が入るのは無理からぬことです。（茂原）

切りがない

2005/04/08

　幼児が泣きながら,「あれが欲しい,これが欲しい」と駄々をこねて,親から「切りがないでしょ」としかられている様子をデパートなどで見かけます。こんな場面,親の気持ちとしては,

> If we indulge him (her) once, there will be no end to his (her) demands.（1度甘やかしたら,切りがないんだから）

となります。
「～に切りがない」の There is no end to ～ は,様々な場面で使える便利な表現です。例えば,

> There's no end to what both sides want from each other. Why don't we just compromise right here?（お互いの要求を言っていたら切りがありません。この辺で妥協しませんか）

「欲を言えば切りがない」は It's no use being too ambitious. の表現も可能です。
　次は,「娘が携帯電話にメールを送るたびに返事をしていたら,夫から『切りがないから返事をするのをやめろ』と言われた。こんなときの英語表現は？」という読者の質問への回答です。

> "There is no end to her text messages (e-mails). Stop answering every time she sends you a text message."

「切りがない」にまつわるよく使われる表現も見ておきましょう。
「言い出したら……」は,

I'm really unhappy with my job. I could go on about it forever.（今の職場には不満だらけ。言い出したら切りがないよ）

「どこまでも際限なく続く」といった感じが出ています。

また，「数え上げたら（例を挙げたら）……」は，The list goes on and on. 逆に，「切りがいい」では，This is a good place to stop. Let's take a break.（切りがいいから，休憩にしよう）。または，Let me know when it's convenient for you to stop.（切りのいいところで声をかけてね）となります。

一般的に，「〜に切りをつける」は，bring 〜 to a close (stop), put a stop to〜 です。特に，「(仕事は残っているがその日については) 切り上げる」は，

Let's call it a day.

Let's quit (knock off) for today.

So much for today.

など。この場合，「終わりにする」はfinishだと覚えている人は，Let's finish it today. とやりがちですが，「今日中に完成させよう」と逆の意味となってしまいますので注意が必要です。

さて，語学は学習の幅が広く，王道はありません。「切りがない」と努力を怠ったり，あきらめていたら，語学の上達は望めそうもありません。

（石田）

切り札

2004/06/04

　日本語で言うトランプ遊びは，単に card game とか to play cards と言います。英語で trump，または trump card は「切り札，奥の手」となるから要注意です。

　トランプが広まった明治時代に，外国人がカードゲームの最中，「トランプ（切り札）」と叫ぶのを聞いた日本人がゲームの名前をトランプと勘違いしたのだと言われています。

　次は，先月（2004年5月）22日の日朝交渉で，金正日総書記が拉致問題解決という日本側の期待を逆手に取り，小泉首相をしのぐ巧みな交渉術を見せつけたことを伝えるデイリー・ヨミウリの記事からの抜粋です。

> North Korea achieved some real gains without being forced to play all its trump cards. Pyongyang merely allowed family members of the repatriated abductees to go to Japan and promised to reinvestigate the cases of the 10 missing Japanese.　　　　　　　　　　　　　(May 24, 2004)

（北朝鮮はすべての［外交］カードを切ることなく，［人道援助を含む］実利を獲得した。北朝鮮政府はすでに帰国している拉致被害者の家族の帰国を許し，安否不明者10人の再調査を約束しただけだった）

　❖ real gains は「実際に得る利益」。without being forced to

〜は「〜を強いられることなく」。repatriate は「本国へ送還させる」。

　　　*　　*　　*

trump の語源は, triumph (大勝利)。「切り札を使う」は play a trump です。特に交渉の場面では, bargaining chip も同じ意味で用いられ, use 〜 as bargaining chips (〜を交渉の切り札に使う) のようにします。

ゲームや交渉では, 相手にこちらの手の内を簡単にさらさないことが大切です。

　Being able to keep a poker face is useful in negotiations.

(ポーカーフェースができると, 交渉のとき有利だ)

逆に「手の内を見せる」は, show one's cards, put one's cards on the table。

ちなみに日本の「ババ抜き」にあたるゲームは old maid と呼ばれます。joker ではなく queen を「ババ」にして使い, 最後に queen をつかまされた者が負けになるというわけです。　　　(石田)

気を使う

2005/11/11

「気を使う」は，他人のために様々に注意を払うこと。奥ゆかしい心のありようを英語で表現するのはちょっと難しそうですが，be attentive to と言えばいいでしょう。

You can't be proprietress of a Japanese inn if you aren't attentive to even the smallest details for your guests. (お客の細かいところにまで気を使わなければ，旅館のおかみは務まらない)

Be careful も使えます。上記のようなおかみなら，お客が気づかないうちに，いつの間にか行き届いたサービスをしてくれそうです。

She is always careful not to attract the attention of her guests when she provides sensitive services. (彼女は，お客の注意をわざわざ引かないように気を使いながら，繊細なサービスを用意してくれる)

ホテルでは次のような掲示を見たことがあります。

If you are arriving late or departing early, please be considerate of guests who are sleeping. (深夜にご到着または早朝にご出発の際は，お休みのお客様へのお気遣いをお願いします)

気を使う，を訳さずに，その気持ちを盛り込むこともできます。たとえば，

I chose a present especially for him because he is hospital-

慣用表現・決まり文句

ized.

これは，入院中の彼のために気を使ってプレゼントを選んだ，という意味になります。

これに対しては，

 Thank you for your concern (consideration). (お気遣い，ありがとう)

もっと恐縮して，

 You really shouldn't have. (そんなにお気遣いいただかなくても)

という言い方もあります。

接待の場などでは，もてなす側が過度に気を使うことがあります。その場合は，worry over が適当です。

 Extremely worried over giving their client a warm welcome at the golf course, the executives clapped and cheered him on, despite his awful shots. (ゴルフ場での接待で，重役たちはひどく気を使い，得意先のへたなショットにも拍手かっさいした)

こうなると，接待側は気遣いのために，気疲れ (be mentally fatigued) してしまいますね。

今回のテーマは，ロンドン在住のIさんの質問を採用させていただきました。

(早乙女)

継続は力なり

2005/01/14

　東久留米市のYさんから,「継続は力なり」の英訳を知りたい,とのおはがきをいただきました。
「努力をたたえ,勇気を与えてくれる言葉」とのこと。確かに,いろいろなことが不透明で不安定なこの時代,「こつこつがんばれば何かできる」という心強さを感じさせてくれることわざですね。
　Yさんは,Perseverance leads to success. を提案。意味合いではぴったりですね。
　しかしYさんは,これではちょっと「冗長」かなと,Might is right.（勝てば官軍）のように,短く,歯切れの良い言い方はないか,とも。
「継続は力なり」と似たような意味を持つ英語の言い回しは多くありますが,最も短い一つと思われるのは,

　　　Every little helps.（小さな積み重ねが役立つ）

また,

　　　Little by little, and bit by bit.（こつこつ,少しずつ）

というのもあります。
　でも,最も一般的なのはPractice makes perfect. でしょうか。日本語では「習うより慣れよ」とも訳しますが,やればやるほど上手になる,という意味では同義で,実際よく使われているようです。
　これについては,東村山市のSさんは今ひとつピンと来ない様

子で，Continuation is power. はどうかとのこと。

　残念ですが，ネイティブの同僚によると，自然な英語表現とは言えないそうです。似た言い方では，Persistence is power. がベターとのことです。

　ほかには，

　　If at first you don't succeed, try, try, try again.（最初だめなら何度もやってみろ）

という直接的な言い回しから，

　　A journey of a thousand miles begins with one step.（千里の道も一歩から）

と，日英でぴったり重なり合う表現もあります。

　何事も一つのことを長く続けるのは難しいですよね。

　　Who likes not his business, his business likes not him.（好きこそものの上手なれ）

で，まず興味を持てるものを見つけるのが近道かもしれません。

(塚原)

けじめ

2005/01/28

「けじめをつける」と言った場合，一般的には，公私，善悪などの区別を明確にすることです。組織のトップが不祥事の際，または，プロスポーツの監督・コーチが成績不振を理由にこの言葉を口にするときなどは，進退を含めた責任の表明をイメージさせます。

公私のけじめであれば，境界線の意味の line を使って，draw a line between public and private life。

対象が善悪なら，line 以下は，between right and wrong です。動詞 mix を用いて，

Don't mix business and pleasure.（仕事と遊びのけじめをつけろ）

また，けじめを社会のルールと考えれば，

There must be rules in everything.（何事にもけじめが必要）

などの表現が可能です。

生活態度では，an undisciplined student（けじめのない生徒）や，a loose way of living（けじめのない生活）と表現できます。

一方，引責辞任のケースでは，responsibility（責任）と resign（辞職する）を伴って，

He took responsibility for a scandal as a politician by resigning as a Diet member.（彼は国会議員を辞めることで，不祥事に対して政治家としてのけじめをつけた）

企業のトップが，記者会見の席上，マスコミに対して言質(げんち)を取られまいと，のらりくらり質問をはぐらかそうとする姿が見られます。
　そんな時よく使われるのが，noncommittal です。

> When the company management was asked a delicate question, it gave noncommittal answers repeatedly.（企業の経営陣は際どい質問をされたとき，どっちつかずの回答を繰り返すばかりだった）

　　　　＊　　＊　　＊

　さて，社会の様々な場面で「けじめ」があいまいになっています。
　例えば，成人式で参加者が暴れて混乱したり，若者が電車の中で何の抵抗もなく飲食や化粧する姿が目立ちます。彼らには，どこも自分の部屋と同じといった感覚であり，公共の場での公私のけじめが失われているようです。
　また，大人の世界でも，組織，個人が社会的，道義的な責任を問われたとき，責任を回避（avoid responsibility），または，転嫁（pass the buck to someone）する態度を見せれば，一気に社会的な信用を失いかねません。
　「子供は大人社会を映し出す鏡」と言われます。大人社会のけじめのなさがそのまま子供の世界に反映される——そんなところにも若者のマナー悪化の一因があるようです。　　　　　　　　　（石田）

こちらこそ

2005/02/04

　よそ見をして歩いていて人にぶつかってしまい，お互い瞬間的に「ごめんなさい！」っていうこと，よくありますよね。でも，よそ見をしていた自分の方が転んでしまって，相手が一生懸命謝ってくれている場合,「こちらこそ」と謝りたいですね。何と答えたらいいでしょう。

　相手がI'm sorry. と言っているのに対して，転んだ自分が，ただI'm sorry. と返すだけでは，ちょっと変ですね。また，日本語のように「こちらこそごめんなさい」とワンフレーズで気持ちを伝える言葉は，この場合，英語にはないようです。

　適当な表現は，

　　No, it's my fault. I should've been paying attention. （いいえ，よそ見をしていた私が悪いんです）

　Sorry という言葉は入りませんが，It's my fault. という自らの非を認めるフレーズに，謝罪の気持ちが入っています。

　基本は，It's my fault. と謝ってから，I should have (should not have) 〜 と状況を説明すること。日本語でも，よくある表現ですね。

　また，もしどうしても Sorry と言いたいのなら，

　　I haven't been paying attention. Sorry about that. （気をつけていなかったの。ごめんなさい）

似たケースで，千葉県の学生さんからこんな問い合わせも。
「英語の授業で，私が席の横に置いていたバッグに先生が足を当ててしまい，Sorry. と言ってくれました。バッグを置いていた私が悪いのだから，こちらも謝りたい」

この場合も，No, it's my fault. は同じ。その後に，

　I shouldn't have put my bag there.（そこにバッグを置いた私が悪いんです）

でも，もしそのバッグに大切にしている物——例えば時計——を入れてあって，それが大きな音をたてて壊れたとしたら，学生さんのリアクションは微妙に変わるかも。

　Well, it's OK. It's just a watch... my boyfriend gave me as a present.（いいんです。ただの時計ですから……彼氏からのプレゼントですけどね）

(塚原)

3度目の正直

2006/03/31

　第1回WBC（ワールド・ベースボール・クラシック）で，日本は1次，2次リーグともに韓国に連敗した後，準決勝での3度目の日韓戦で勝利しました。試合前の読売新聞には「3度目の正直！」という勝利を願った見出しが躍りました。「3度目の正直」は，英語でも "Third time lucky". "Third time's a charm." とも言い，charmは幸運です。物事は1度目や2度目はうまくいかなくても3度目にはうまくいくという意味から，失敗が続いている人に，

　　I'm sure the third time will be lucky.（3度目の正直で，きっとうまくいくよ）

とか，

　　The third time is when you will succeed.（成功するのは3度目だよ）

と励ましてあげることができます。

　悪いことや，つらいことの後にはいいことがある，という意味の英語の慣用句は，ほかにもあります。

　　After the rain comes a rainbow.（雨の後に虹が出る）

　　Every cloud has a silver lining.（雲の裏には太陽がある）

　　The darkest hour is just before the dawn.（夜明け前が最も暗い）

などです。

いいことと悪いことは交互にやってくるという, 励ましにも戒めにも使える言い回し,

> Good and bad fortune are next-door neighbors. (幸福と不幸は隣同士)

もあります。日本的に言うと「禍福はあざなえる縄のごとし」でしょうか。

> There is a saying from classical Chinese writing that good luck and bad luck alternate like the strands of a rope. (「禍福は〜」という中国の古典からきたことわざがある)

と説明できます。

　ところで, 「3度目の正直」とは逆に, 「2度あることは3度ある」とも言います。これは,

> What happens twice will happen thrice.

thrice は3回の意味。または,

> Bad things come in threes. (悪いことは3つまとめてやってくる)

「泣き面にハチ」「弱り目にたたり目」と, 悪いことが続く時の表現は他にもありますが, これらに当たるのは,

> Misfortunes never come alone. (不運は1人ではやってこない)

「3度目の正直」と「2度あることは3度ある」。3度目はどちらに転ぶのか？　何事であれ, いいことであってほしいですね。

(早乙女)

失礼いたします

2005/03/18

　読者から,「かかってきた電話を切るとき,『失礼いたします』はどう表現すればよいでしょうか」という質問をいただきました。

　日本語の「失礼」には,感謝,謝罪,依頼などの意味があります。質問の状況は「電話をいただいた」感謝の気持ちと,「別れのあいさつ」の両方が含まれると考えられます。よく使われるのは,

　Thank you for calling.

　Thank you for your call.

　Thank you very much.

の後に Good-bye. を続ける表現です。

　逆に,依頼や相談などでこちらから電話,用件が済んで「失礼いたします」と言って切るときは,

　I appreciate your help. (You've been very helpful.)

に,Thank you. や Good-bye. をつければよいでしょう。

　次は,電話を切るときの一般的な会話の例です。

　A: Well, thank you for calling. I'll give him the message. Good-bye. (お電話ありがとうございました。彼にメッセージは申し伝えます。では失礼いたします)

　B: I appreciate that. Thank you. (こちらこそありがとうございます)

　さて,途中で自分から電話を切り上げるときの表現にも頭を悩ま

せます。様々な場面で使えるフレーズを知っていると便利です。例えば，急用の時は，

   Listen, I'm afraid I have to excuse myself. Something just came up. （ちょっとよろしいですか。申し訳ないのですが，急な用事が入り，席を立たなければなりません）

その他，

   I really have to go. （もう切らなくちゃ）

   It looks like somebody's here. （だれか来たみたいだから）

   Another phone is ringing. （ほかの電話が鳴っているので）

なども使いこなせるようにしたい表現です。

　また，一般に，依頼，質問をするときに相手の許しを請う表現の「失礼します」は，「すみません」「お邪魔します」と同様に使われます。この場合，Excuse me for interrupting you, but〜 や，I'm sorry to trouble you, but〜 などの表現が可能です。

　現実の会話では素早い反応が求められ，あれこれ考えている暇はありません。ただし，直訳に頼るととんでもない誤解を生みかねません。I'm sorry to disturb you. （お邪魔します）とすべきところを，単刀直入，I disturb you. と外国人に話しかけ，ギョッとされたという話もあります。

(石田)

筋を通す

2005/10/14

　郵政民営化関連法案を巡る政局で，新聞記事でよく見かけた言葉です。
「首尾を一貫させる」「道理にかなうようにする」という意味があり，英語の場合，どちらを意味するかで表現が変わります。前者だと，coherent, consistent，後者だと，reasonable, logical, rational などを使うのが適当でしょう。ただ，文脈によって，これ以外の様々な表現が可能です。

　例えば，(2005年) 8月25日付読売新聞社会面では，同法案を巡る衆院解散・総選挙に関して，「小泉さんの筋を通す姿勢は評価できるが，郵政民営化ばかりが議論されても，生活がどう変わるかピンとこない」との有権者の声が紹介されました。

　これは前者の意味で，

> I approve of Mr. Koizumi's determination to stick to his policy, but we have no clue to how our life will change, as he only talks about postal privatization.

「stick to his policy」で，「自分の掲げた政策を堅持する」という意訳にしました。

　一方，同法案に反対した1人，八代英太・元郵政相の衆院選での非公認について，自民党の武部幹事長の「筋を通す。(同法案の採決で) 造反 (した前) 議員を公認することは絶対にない」との発

言が同月29日付一面の記事にありました。
　この場合も，首尾一貫した対応を取る，という意味で，
>   We'll make no exceptions. We'll never endorse (former) lawmakers who voted against (the postal privatization bills).

などとなります。
　一方，「道理にかなうようにする」場合。例えば，友達に借りたお金を返そうとしない息子をしかるお父さんの言葉。
>   Don't be senseless. Go and give him back his money, now!
>   （筋の通らないことをするんじゃない。すぐ返しに行きなさい）

理不尽なことばかり言う上司に対する同僚どうしのうわさ話なら，「課長の言うことは筋が通っていたためしがないよな。何でも自分に都合良く解釈するんだから」の場合，
>   There is absolutely no logic in the chief's arguments, because he interprets everything to suit his convenience.

などとなります。
　今回は，東京都のTさんからの質問に答えました。　　　　　（塚原）

調子に乗る

2005/09/30

「うちの子はすぐ調子に乗ってしまうのですが、ご迷惑おかけしませんでしたか」と心配する親は多いですね。

このような場合は、get excited を使って、

"My daughter gets excited too easily. Didn't she cause any trouble?"

と言えばいいでしょう。

はしゃぎすぎるということで、She is overexcitable. という言い方もあります。

ほかに、get carried away も使えます。たとえば、

"Don't get carried away."（調子に乗らないで）

などと言います。

若者言葉で言う「テンションが高い」は、be in high spirits です。

She was in high spirits after her boyfriend arrived at the party.（パーティーにボーイフレンドが来てから、彼女のテンションは上がりっぱなしだった）

このように言っても、調子に乗った感じが出るでしょう。

be elated も調子に乗る、調子づくの意味になります。elate は、有頂天にさせる、という動詞です。

デイリー・ヨミウリ（2005年）8月12日付の記事には次のよう

なものがありました。

> Some former lower house members who looked elated when the postal bills were voted down have begun splitting off from the anti-postal privatization camp, providing the party with tacit approval to express its pro-privatization stance. (郵政民営化法案が否決された時, 調子づいて見えた衆院の前議員の一部は, 郵政民営化反対派陣営から距離を置き, 賛成派に転じたと暗黙の同意を党に伝え始めた)

*　　*　　*

2005年9月15日号の英誌「エコノミスト」は, 同月の選挙で大勝し, 盤石に見える小泉政権には, 郵政民営化以外にも, 医療や年金などの課題が山積していると指摘しました。これらには郵政民営化戦術のようなショック療法は使えず, 長い腰のすわった取り組みが必要であるとしたうえで, 同誌は与党勝利の浮かれムードに,

　"Just don't get excited about it."（調子に乗らないで）
とくぎを刺しています。

　今回のテーマは, O さんの質問を採用させていただきました。

(早乙女)

伸びしろ

2006/02/10

　最近主にスポーツ記事で「伸びしろ」という言葉を目にします。読売新聞運動部デスクによると，基本的には，若い選手に対して将来が期待できるという意味で使う言葉だそうです。潜在的な力。英語では potential や capacity がぴったりです。

　例えば昨年（2005年）12月26日付本紙運動面の記事は，フィギュアスケート女子代表，安藤美姫選手を「伸びしろたっぷり」(full of potential) と表現しています。「安藤はまだ高校生だから，伸びる余地がある」(Ando, who is still a high school student, is yet to show her true potential.) という意味（同デスク）とのことです。

　記事によっては，個人の潜在力以外についても，この言葉を使っています。例えば，プロ野球12球団のキャンプインについての記事（2006年2月1日付運動面）では，阪神・岡田監督がキャンプの方針を「若いメンバーが増え，中堅より下の選手で実戦を多くして

いく。チームにはまだ伸びしろがある」(As we have more young players, we'll get these youngsters competing in games [during training camp]. This team is capable of being better.) と述べています。

また、同様の意味でほかの分野でも使われる場合があるようです。

2005年11月26日付読売新聞経済面の連載で、理学博士の水野博之氏が「関西には、さらに伸びしろがある。アメリカの社会学者がいう地方の利だ」(Kansai region has still more capacity for growth, which one American sociologist says is because of its regional advantages.) と指摘しています。

また、昨年5月11日付読売新聞夕刊書評欄では、40代男性向け高級ライフスタイル誌が続々登場している現象について、作家の石田衣良さんらの意見を紹介。「男の40代はまだまだ伸びしろがある」(Men are still full of potential in their 40s.) とか。

では、語源は？ てっきり、のりをはりつける"遊び"のような部分である「のりしろ」から派生した造語かと思いきや、本紙校閲部によると、「金属加工などの分野で伸縮性に関して使われる専門用語なのでは」とのこと。でも、定義や用法ははっきりしないそうです。

私の場合記者歴10ウン年、30代ですでに伸びしろいっぱいいっぱい？ もともとあれば、の話ですが。

今回は、東京・八王子市のNさんの質問でした。　　　　　　　　　　　　　　　（塚原）

冷や汗

2005/10/07

　ネイティブ・スピーカーと話す場面に遭遇し,「ふだんの勉強の成果を試す絶好の機会」と意気込んではみたものの,矢継ぎ早の質問にあたふたして,結局うまく会話が成立せず,後で気が付くと緊張で冷や汗をかいていた。こんな経験をしたことはありませんか。「冷や汗」は cold sweat。こんな時は,

　　I was so tense that I broke (out) into a cold sweat.
と言えます。break into ～ は「急に～しだす」の意味で,「ドッと噴き出る」といったニュアンスが感じ取れます。同じ「汗」でもこの場合, perspiration は使えませんので注意が必要です。

　怖い思いをした時にも「冷や汗」をかくもので,

　　When I remember the scary occasion, I break out in a cold sweat. (あの怖い場面を思い出すと,冷や汗が出るんだ)

緊張で手のひらに汗がにじむのであれば,

　　I get sweaty palms when I'm nervous.

緊張,恐怖の度合いが増せば,

　　A cold sweat ran down my back. (冷や汗が背中を伝わった)
となります。「これは冷や汗ものだ」は,

　　This is nerve-wracking (frightening).
などの表現が可能です。

　また, sweat を動詞として使った表現に sweat blood (四苦八苦

する）があります。文字通り「血の汗を流す」から「非常に苦労している」といった意味になります。例えば,

> I'm sweating blood these days. I have debts I can't pay back and business is bad.（返せない借金があって,商売もはかばかしくなくて,このところ四苦八苦しているよ）

ただし,次のような場合の sweat blood は「ひどく心配する」になります。

> The millionaire sweated blood waiting for his kidnapped daughter to be released by the terrorists.（大富豪は,誘拐された娘がテロリストから解放されるのを待つ間,心配でしようがなかった）

その他,汗に関する表現として覚えておきたいのは,

> Beads of sweat broke out on his brow.（額から玉のような汗が噴き出した）

> After he finished the marathon, rivers of sweat were pouring from him.（マラソンを走った彼は全身滝のような汗だった）

など。さて,英語会話上達には近道は無く,「冷や汗」をかき,「恥」をかくような場面を多く経験することで,徐々に度胸もつき,会話の間合いもつかめるようになると思われます。今回のテーマは川崎市のNさんの質問に答えたものです。　　　　　　（石田）

豹変

2005/07/15

いつもにこやかな隣人が殺人鬼に豹変する——こんなホラー映画の登場人物ほどでないにしろ、何かのきっかけで突如として態度を変える人が周りにいたら、困りものですね。

豹変を英語では、sudden change, abrupt change, about-face, volte-face などと言います。

例えば、お酒の席で。

His sudden change always surprises me: When he's drinking, the usually pleasant man starts picking on others.（彼はいつもはいい人なのに、酔うと豹変するからびっくりするよ。みんなにからみ始めるんだ）

また、部下に対しては無愛想なのに、上司に対してはころっと態度が変わるサラリーマンの場合。

I wonder how he can change his attitude so quickly—yesterday, I saw him being so nasty again, pointing out someone's small mistakes, but when the president passed by, he suddenly lit up as he began kissing up to his boss.（彼がどうやったらあんなに豹変できるのかわからないよ。昨日、また誰かの小さいミスをねちねち指摘していると思ったら、社長が通りかかったとたんに笑顔になっておべっかを使い始めたんだ）

* * *

郵政民営化関連法案について，当初一貫して修正を拒否していた小泉首相が，一転，政府と自民党の修正合意を容認したことが議論を呼びました。これについて，読売新聞の社説「郵政民営化法案 多くの問題点を残した修正協議」の翻訳記事の見出しは，Koizumi's about-face on postal bills strange となっています。

about-face は，180度の方針転換，考えなどを急に一変させること，という意味で，郵政関連法案に対する小泉首相の方針転換のわかりにくさを指摘した内容です。記事中には，

> The abrupt change in his attitude may have upset many people.（突然の態度の変化にとまどった人も多かったのではないか）

とあります。

さて，豹変して評価されるのは昔から君子（a man of virtue）だけのようです。「君子は豹変す」は，

> A wise man changes his mind, a fool never.

と訳すそうです。 (塚原)

別　腹

2004/09/10

　実りの秋がやってきました。食欲にまかせてついつい食べ過ぎてしまいがちです。

　この季節に限ったことではないかもしれませんが，「おなかがいっぱい。でも甘いものならまだ食べられる」というとき，「デザートは別腹」と言います。英語では，

　　I have another stomach for desserts.

とか，

　　I have a separate stomach for sweet things.

と言うことができます。

　デザート用の胃が別にあるという文字通りの表現で，英語でも一般的に使われるようです。

　このほかにも，squeeze in でおなかに「押し込む」という表現もあり，こんな会話の中で使われます。

　　A: I'm really full. I couldn't eat another thing... （おなかがいっぱい。もうこれ以上食べられない）
　　B: How about a piece of cake? （そんなこと言わないで，このケーキどう？）
　　A: OK, maybe, I could squeeze in another slice of cake. （そうね，ケーキだったらまだ食べられるかな）

　　　＊　　　＊　　　＊

I still have room for a piece of chocolate. (チョコレートならまだ入るけど)

のように to have room for でも「別腹」の意味になります。「デザートは別腹」は女性の方がよく使う言葉かもしれません。

横浜市戸塚区のWさんから「自分の好物は別腹」は英語でどう表現するかという疑問を寄せていただきました。Wさんの好きな食べ物が何かわかりませんが、デザートの代わりに、日本酒でもマグロの刺し身（raw tuna）でも置き換えればいいことになります。「日本酒ならもうちょっと入るね」であれば、I still have room for some more sake. です。

*　　*　　*

ちなみに「おなかがいっぱい」という意味では、I'm full. や、I'm stuffed. が一般的ですが、I'm ready to burst. あるいは I'm ready to explode. で、「おなかがいっぱいで破裂しそうなくらい」と言うことができます。

「ビールっ腹」（a beer belly）や「おなかの周りのぜい肉」（a spare tire）は考えものですが、秋の旬の味わい（autumn treats や autumn delicacies）は、大いに楽しみたいものです。

(茂原)

もらい泣き

2005/10/28

　最近, テレビ番組を見ていて, フィクションと知りながらも, 感動的な場面になるとつい涙ぐんでしまっている自分に気付くことがあります。「以前なら, この程度の内容に涙することはなかったのに……」などと思うのですが, どうも, 年齢を重ねて涙もろくなっている (I'm more easily given to tears as I get older.) ようです。

　テレビ番組以外でも, 現実に他の人が泣いているのにつられて涙を流す「もらい泣き」の場面に遭遇します。例えば,

> Seeing the bride's parents shed tears at the wedding made him start crying too. (彼は花嫁の両親が涙するのを見てもらい泣きした)

「もらい泣き」という時,「同情して泣く」意味ととらえて, cry in sympathy がよく使われます。「彼の話があんまりかわいそうだったので, 思わず (苦労話に) もらい泣きしてしまった」は,

> His story was so sad I couldn't help crying in sympathy (with his ordeal).

となります。

　日本語で一口に「泣く」といっても, その中身はいろいろ。cry は大声を連想させる言葉ですが, weep は文字通り「涙を流して泣く」こと。sob は声を詰まらせて「すすり泣く, 泣きじゃくる」という感じです。これらの動詞にちょっとした単語を加えることで

様々な「泣き方」を表現することができます。

 My daughter cried her eyes out.（娘は目を泣きはらすほど泣いた）

や

 He sobbed out an account of his sad life.（彼は自分の悲しい身の上を泣き泣き語った）

など。

　また，crocodile tears（空涙）という表現があります。ワニが涙を流すとは妙ですが，これはワニが涙を流して獲物を呼び寄せ，また，獲物を食べてから涙を流すという言い伝えに基づくもので，そこから「見せかけだけの涙」になったものです。

 Pete knelt crying before Susan, but she wisely saw at once that he was shedding crocodile tears.（ピートはスーザンの前にひざまずいて泣いたが，賢明にも彼女はそれが偽りの涙ということをすぐに見抜いた）

　さて，同じ涙なら，「悔し涙」（tears of bitter disappointment）や「悲しい涙」（sad tears）よりは，やはり「うれし涙」の方が見ている方も気持ちが晴れます。「うれし泣き」にぴったりな表現は tears of joy です。今回のテーマは，東京都のMさんからいただいた質問に答えたものです。

（石田）

りんとして

2006/02/17

「りんとして」は，たたずまいや姿勢がきりっとして，りりしい様子です。ぴたりと当てはまる訳語が見つかりにくいですが，簡単な言葉では，たとえば stand tall（堂々と立つ）が使えます。

> She stood tall in the face of adversity. （彼女は困難にりんとして立ち向かった）

りんとしている女性と言えば，ジャンヌ・ダルクを思い浮かべる人もいるのではないでしょうか？

> Joan of Arc stood bravely before the enemies of France. （ジャンヌ・ダルクはフランスの敵を前にしても，りんとしていた）

このように，bravely（勇敢に）や，forceful（力強い）でも，りんとして，というニュアンスが出せます。

さらに伝えられるところによれば，

> She was dignified as she was about to be executed. （彼女は処刑を前にしても，りんとしていた）

dignified は「威厳のある」です。

日本の侍からも，りんとした雰囲気を連想します。やや聞きなれない言葉かもしれませんが，gallant（りりしい）を使い，

> The young samurai looked gallant in his exquisite armor. （その若武者は，華麗な甲冑姿がりんとしていた）

などと言えます。

「りんとして」の反対は，いろいろ考えられますが，「腰が引けた」もその一つです。体の動きを表す場合は，back away。たとえば，

The batter is backing away from the ball when he swings.
(その打者はバットを振る時，腰が引けている)

と言いますが，態度については，gutless（肝がすわっていない）がいいでしょう。

During the press conference, the politician was gutless, repeating that he would refrain from answering the reporters' questions. (その政治家は，記者会見の席上，答えは控えさせていただきますと繰り返し，腰が引けていた)

　　　＊　　＊　　＊

ニュースとなった耐震強度偽装問題，防衛施設庁の談合事件，ライブドア事件では，腰が引けた弁明をする関係者が見られました。政財界のみならず，たたずまいがりんとしている人が少なくなったように思えてなりません。今回は，東京都江戸川区のMさんと，Oさんのeメールの質問を採用させていただきました。　　（早乙女）

流行語・若者言葉

イケメン◉癒やし系◉キレる◉チョー気持ちいい◉バツイチ◉はまる◉ビミョー◉負け犬◉やばい！

Saying it in English

イケメン

2004/06/11

「二枚目」,「男前」など容姿の良い男性を表す言葉はいくつもありますが, 最近は「イケメン」というそうです。

子供向け特撮番組のイケメンヒーローにお母さんたちはシビレっぱなしかと思えば, イケメンアナウンサーはタレント並みの人気を誇ります。いわゆる男前から連想する男らしさよりも, 少々女性的な (feminine) 顔立ちが特徴のようです。

イケメンとは,「かっこいい」「いかしている」を意味する言葉「いけてる」と "men"(男) もしくは顔を意味する面を組み合わせた造語といわれています。

イケメンを直訳するのは難しいのですが,「かっこいい」という意味では handsome や good-looking が一般的です。「いけてる」は cool という語が最も近いかもしれません。

「かっこいい」を意味する単語としては, fine, spunky, hot, cute, stylish などもあります。男女ともにかっこいい人を hottie, cutie などと言ったりします。例えば,

 Don't you think that guy is cute?（あの人カッコよくない？）
 Yeah, what a hottie.（そうね, カッコいい人だね）
——という感じです。

また "bad" はスラングで使われた場合, 通常とは逆に「すごくカッコいい」の意味になります。groovy, way-out, hip も同義語

ですが，bad とともに今ではあまり聞かない表現なので使ってもかっこよくないかもしれません。映画「オースティン・パワーズ」に出てくる60年代からやってきた主人公の口癖は "Groovy, baby!"（イカすぜ，ベイビー！）です。

逆に，「いけてない（uncool）」人という意味では geek（ださい人），nerd（ガリ勉タイプのださい人），dork（流行遅れのださい人）などがあります。形容詞は geeky, nerdy, dorky です。

＊　＊　＊

最近読売新聞で読んだコラムによれば，戦後の歴代アメリカ大統領には「背が低い，太っている，はげている」人が極端に少ないそうです（こう書いたら職場の上司に怒られました）。政治家にとって，見かけ（appearance）はけっしてばかにならないということでしょうか。

(桜井)

癒やし系

2004/04/30

　仕事や対人関係などストレスだらけの現代，多くの人が癒やしを求めています。心安らぐ音楽やマッサージ，昨年（2003年）はアザラシのタマちゃんに癒やされたりもしました。
「癒やし」は英語で「治癒」という意味のhealingです。動詞の「癒やす」はhealで，to heal a mental or physical wound（心や体の傷を癒やす）のように使います。似た言葉でsoothe「和らげる」は，to soothe stress or fatigue（ストレスや疲れを和らげる）のように用います。
　癒やしといえば温泉です。

　　Since ancient times, hot springs have been considered a blessing of nature that offers people a sense of healing. (温泉は古来，自然の恵みとして人々に癒やしをもたらしてきた)

❖ hot springで「温泉」，a blessing of〜で「〜の恵み」。offer A Bで「AにBを与える，もたらす」の意味です。

　　　　＊　　＊　　＊

　さて，「癒やし系」ですが，そもそも「癒やし」には明確な定義がなく，何を癒やしと感じるかは人それぞれです。ですから，あえて「系」をつけることによって断定的な言い方を避けているのかも知れません。心身を癒やしてくれる，または，くれそうな物，人の類といった意味でしょうか。

同様に「なごみ系」なる言葉も聞かれます。なごませる効果 (calming effect) を持つ物，人を指すようです。
　こうした微妙なニュアンスを英語で表現するのは難しいものです。「癒やし系」があくまでも流行語であることを踏まえ，"iyashikei" とローマ字表記し，若干の説明を付け加えるのもいいでしょう。
　以下は「癒やし系」女優について書かれたデイリー・ヨミウリの記事です。

> Just being there and smiling is enough for Haruka Igawa to hold the attention of her male fans. This is the result of the actress' public image as the queen of "iyashikei"—a recent phenomenon based on faith in healing effects. （女優の井川遥さんは，ただそこにいて笑顔をふりまくだけで男性ファンを釘付けにできる。人の心を癒やす効果を持つ今はやりの「癒やし系」の女王というイメージのおかげだろう）

　❖ hold the attention で「注意を引きつけておく，くぎ付けにする」。recent phenomenon で「はやりの現象」。

　　　　＊　＊　＊

　笑顔 (smile) は，家庭であれ，職場であれ，人間関係の"潤滑油"。愛する人の笑顔だったら，その効果のほどは言わずと知れたことですね。
　　　　　　　　　　　　　　　　　　　　　　　　　　　　（桜井）

キレる

2004/07/09

　ささいなことでカッとなり，わめいたり暴力をふるったりするいわゆる「キレる子」が目立つと言われます。

　キレるのは子供ばかりでなく，大人でもよくあることではありますが，「キレる」の端的な英語の表現としては，to snap, to explode, to erupt などが挙げられます。突然ぶちきれる，怒りが爆発するというニュアンスが感じとれます。to snap は，もともと棒状の物がぽきっと折れることを意味します。

　　She snapped.

で「彼女がキレた」。

　　She snapped at him.

で「彼女が彼にキレた」というふうに使えます。

　普段の会話では，to go ballistic, to go nuts などとも言うそうです。また，to lose it, to blow one's cool, to go out of control という表現もあります。感情をうまくコントロールできず，冷静さを失ってしまうからです。

　　　　　＊　　　＊　　　＊

　また，キレられた人が逆にキレてしまうことを「逆ギレ」と言いますが，これを英語で表現すると to snap back や，to fire back などとなります。

　暴力的な行動をともなう場合には（これは本当に起こってほしくな

いことですが), to burst into violent behavior, to display sudden outbursts of violence などの表現があります。

「キレやすい人」なら,

> someone who easily gets angered and unable to control their actions

とか,

> someone who would easily lose their temper

などとなります。

ひと昔前は,「キレる」といえば「頭がいい」,「鋭い」という意味だったのに,最近ではこの意味で「キレる」を使うことが少なくなったように思います。

カッとなることは誰にでもよくあること。そんな時,英語ではこんなふうに言うそうです。

"Don't get mad, get even."

何か気にさわることがあっても大声でどなったり暴力をふるったりせず,冷静に次の手を考えよ,というような意味だそうです。次の手を考えているうちに怒りが収まればいいのですが。　　　　（茂原）

チョー気持ちいい

2004/12/10

　今年（2004年）1年の世相を反映した言葉を選ぶ恒例の「流行語大賞」がこのほど発表され，アテネ五輪の平泳ぎで2冠に輝いた北島康介選手の「チョー気持ちいい」が大賞に輝きました。

「チョー」は，若者言葉（young people's vocabulary）の典型で，形容詞や動詞に付けて，程度がはなはだしい様子を強調する用法。「日本語が乱れている」などと，とかく批判の対象になりがちです。

「チョー気持ちいい」は credit（信頼，信用）の派生語である incredible（信じられない）を使い，"It feels (I feel) incredible!" などの表現が思い浮かびます。feels (feel) の後に amazing や great なども使えます。

　次は，そのアテネ五輪で北島選手の100メートル平泳ぎ決勝の様子を伝えたデイリー・ヨミウリの記事からの抜粋です。

> Kitajima's swimming was impressive, especially toward the finish, not allowing (U.S. rival Brendan) Hansen and other competitors to catch up. Immediately after the race, Kitajima told reporters, "I feel good! So good!"
>
> (Aug. 17, 2004)

（北島選手のゴール手前での泳ぎが特に印象的で，米国のライバル，ブレンダン・ハンセンや他の選手は追いつくことができなかった。レース直後のインタビューで，リポーターに「チョー気持ちい

い！」と語った）

記事ではgoodを重ねることで，喜びの大きさを強調しています。また，incredibleを副詞にして使えば，

That movie was so incredibly boring that I walked out halfway through.（あの映画，チョーつまらなくて途中で出てきちゃった）

その他，

She is totally disgusting.（彼女ってチョーむかつく）

一方，2000年シドニー五輪の400メートル個人メドレーで銀メダルだった田島寧子さんも「めっちゃ悔しい」の"名文句"を残しています。大阪発祥の「めっちゃ」も「チョー」と同様の意味。この場合は，be (feel) bitterly disappointed (frustrated) などの表現が可能です。

厳しい練習をこなし，ライバル選手との息詰まる接戦を制した心情を自然な形で吐露した印象が強く，北島選手の「チョー」にマユをひそめる人は少なかったのではないでしょうか。

今回は，埼玉県川越市のFさんほか，複数の読者の質問に答えました。

(石田)

バツイチ

2004/06/18

　先月（2004年5月），スペイン王室のフェリペ皇太子が「バツイチ」のレティシア・オルティスさんと結婚式を挙げ，話題になりました。以下はデイリー・ヨミウリに掲載された記事からの抜粋です。

　He chose a 31-year-old divorcee who was a rising star for Spain's most popular news broadcaster before saying yes to a proposal that will make her queen of Spain some day.

(May 23, 2004)

（皇太子が選んだのは離婚歴のある31歳の女性で，スペインの王妃になる道を選択する前には，テレビ局の花形記者として活躍していた）

　　　＊　　＊　　＊

「離婚する」がdivorceなので，divorceeで「離婚歴のある人」を表します。

「バツイチ」を英語でいうなら，once-divorced person。「バツニ」は同様にtwice-divorced personなどと言い表せます。もっとも，離婚歴は結婚歴でもあるわけですから，「バツニ」ならtwice-married divorceeとも表現できます。

　あのチャールズ英皇太子の大おじにあたるエドワード8世も「世紀の恋」とうたわれたロマンスで今なお語り継がれています。その経緯に簡単に触れた記事です。

In 1936, Charles' great-uncle, Edward Ⅷ, gave up the throne to wed the twice-married American divorcee Wallis Simpson. (1936年，英国のチャールズ皇太子の大おじにあたるエドワード8世は，二度の離婚歴のある米国人女性，ウォリス・シンプソン夫人と結婚するため，国王の座を捨てた)

* * *

「バツイチ」の日本語での文字通りの意味を説明するなら，someone with one strike against him or her, in this case a divorce などと言うことができるでしょう。この strike が「バツ印」にあたります。そもそも「バツイチ」というのは，離婚すると戸籍の名前（ただし名字の変わる者のみ）の上にバツ印がつくことからきているようですが，実は婚姻届を出したときにも親の戸籍上にバツがつくので，その時点で「バツイチ」，離婚したら実は「バツニ」にという見方もあるそうです。

(茂原)

はまる

2004/05/21

「心がピュアになります」「ハンカチなしでは見られません」。韓国人人気スターのペ・ヨンジュンさん主演の韓国ドラマ「冬のソナタ」に多くの女性がはまっています。"ヨン様"のセリフを原語で理解しようと、ハングル講座がひそかなブームとなり、ドラマのおかげか、ゴールデンウイーク中の韓国への旅行者が増えたそうです。「はまる」は、英語で become hooked on や become obsessed with、「はまっている」は be hooked on や be crazy about などと表現します。「夢中になっている」「とりこになっている」という状態です。

hook は、かぎ状のホックやかぎ針のことです。ちなみに、「はまっている」は『研究社新和英大辞典』の最新版第 5 版から登場しています。

以下は、現在歌舞伎の英語解説をしている日系アメリカ人が、来日して初めて歌舞伎を見た時の様子を紹介した筆者の記事からの抜粋です。

> In 1982, friends took him to see a ceremonial kabuki play in which Matsumoto Koshiro IX succeeded to his father's name. He was instantly hooked on the traditional theater form. (1982 年、彼は友人に連れられて 9 代目松本幸四郎襲名披露公演を見に行った。そこで彼はすぐにこの伝統演劇にはまってしま

った)

❖ ceremonial は「儀式の」，succeed to ～で「～を継承する」という意味。

*　　*　　*

このほか，be addicted to もよく見る表現ですが，こちらは「病みつきになる」「中毒になる」と若干ネガティブなニュアンスになるようです。

以下は，若者の「ゲーム中毒」が社会問題化している韓国を紹介したデイリー・ヨミウリの記事からの抜粋です。

A poll by the Commission on Youth Protection showed 60 percent of 1,440 juveniles surveyed said they believed they were addicted to online gaming and the Internet. ((韓国) 青少年保護委員会の調べによると，調査した1,440人の未成年者のうち60パーセントが「オンラインゲームやインターネットに中毒になっていると思う」と答えた)

❖ poll は「調査」，juveniles は「未成年者，青少年」。

*　　*　　*

gambling addiction というと「ギャンブル依存症」，gambling addicts は「ギャンブル依存症の人」のことです。

そんなぬかるみにはまっては元も子もないですが，夢中になれる何かがある人はうらやましいものです。　　　　　　　　　　(桜井)

ビミョー

2004/11/12

「新任の先生，かっこよくない？」
「うーん，ビミョー」

　新学期に，学校でこんな会話をしたことがある人も多いのでは。『広辞苑』によると，「微妙」の本来の意味は「細かいところに複雑な意味や味が含まれていて，何とも言い表しようがないさま」。例えば，「微妙な関係」なら delicate relationship，「微妙な違い」なら subtle difference などと使われます。

　ところが，千葉大学教育学部の伊坂淳一教授は，冒頭の「ビミョー」には「どちらかと言えばあまりいいと思わないけれど，はっきり言いたくない」気持ちが働いていると指摘します。本来の意味にはない，否定を遠回しに表現する意図が含まれているようです。

　つまり，冒頭の「ビミョー」の気持ちとしては，

　　I'm not so sure about that.（そうは思わない）

または，

　　I wouldn't go that far.（そこまで思わないけど）

となります。

　しかし，否定的な気持ちを見せないためには，

　　I'm not sure.（どうかなあ，私はよくわからないわ）

というところでしょうか。

　もう一つ，「○ちゃんってどう思う?」，「ビミョー」の場合。

心の中では,

 She's nothing special.（彼女は何てことないわよ）

と思っている。さらには,

 She's not bad, but she's dull.（悪くはないけど，たいくつよ）

もしくは,

 I don't know what you guys think of her, but I don't like her.（みんなはどう思っているか知らないけれど，私は好きじゃない）

など，もっと否定的に思っているかも。

 とはいえ，現実にはそうストレートな表現はできないものですね。

 I couldn't really say one way or the other.（どっちとも言えないなあ）

とマイルドな表現に落ち着くことになります。

 一方，お母さんに「夕飯，シチューでいい」と聞かれた時の息子の「ビミョー」はほとんど拒否，という意見も。この場合は,

 I'm not fussed.（ママがそうしたいなら仕方ないよ）

といったところでしょうか。

 この説明でご理解いただけたでしょうか。「ビミョー」ですか？

（塚原）

負け犬

2004/07/16

「負け犬」を和英辞典で引くと，多くの場合，loser と underdog が並列して記載されています。しかし，ニュアンスに微妙な違いがあり，使い方には注意が必要です。

日本語の「負け犬」は侮蔑のこもった言葉で，loser（敗残者）の方が適当です。ただし，相手に面と向かってこう言えば，「全人格を否定するような」きつい表現であり，けんかを売っているようなものです。

>Girls like me don't go out with losers like you. （私のような女の子はあなたのような負け犬とはデートしない）

など。

一方，underdog は「弱い立場にある者，競争で勝ち目の薄い者」，または「今は負けているがいつか勝者になれるかもしれない者」のことで，必ずしも侮辱の意味はありません。

>The company is an underdog among Japanese car manufacturers. （その会社は日本の自動車産業界の中で形勢不利です）

また，

>He was a real underdog, but bounced back from a setback under his own power. （彼はまさに負け犬だったが，挫折から自力で立ち直った）

は，日本語ほど侮辱の意味合いは強くありません。

こうして見ると，underdog には声援を送るものの，loser に対しては一顧だにしないといったニュアンスが行間から伝わってきます。

　　　　＊　　＊　　＊

ビジネスの世界の「勝ち組・負け組」も，winners/losers と表現できますが，be on the winners (losers) side, be in the winners (losers) category とも言えます。

さて，ライフスタイルや収入で「人生の勝ち負け」(winners or losers in life) を競う風潮が広がり，「未婚，子供なし，30代以上」の女性を「負け犬」と定義した本がベストセラーになりました。読売新聞が「勝ち組」「負け組」に対する意見を読者に問うたところ，寄せられた 300 通を超える意見のうち，約 4 割が「意味ない」，1 割が「気になる」と答えています。まだまだ多様な「物差し」(yardstick) が存在していることにほっとしています。　　　　(石田)

やばい！

2004/07/02

　危険が迫ったり，都合の悪い事態が起きたりした時につい口にしてしまう言葉です。もともとは露天商の人などが用いた隠語だそうです。

　あまり行儀のいい言葉とはいえませんが，よく耳にするのも事実。あえて取り上げてみました。

「危険である」という意味で risky, dicey, hairy, chancy が使えます。

　日本のニュース記事の中で「やばい」は使われませんが，risky situation（危険な状況），dicey plan（あぶない計画）といった表現は見かけます。chancy はチャンスが多いことのように思えますが，実はリスクを伴うという意味です。

　面白い表現としては，skate on thin ice。日本語の「薄氷を踏む」と同じで，極めて危険な状況のことです。

　　　That company is skating on thin ice.
といえば，今にも倒産しそうで「あの会社はあぶない（やばい）」となります。

　また，「あやしい（suspicious）」というニュアンスだと，dodgy という言葉もあります。dodgy customer は，挙動不審で「やばそうな客」。

「まずい状態」を意味する「やばい」としては，It looks like

troubleが日常会話では一般的です。非常にまずい事態なら,

 It looks like trouble with a capital T.

と言ったりします。「(troubleの) t は大文字」というのが面白いですね。

 また,

 That was close.

で「あぶなかった」,

 Uh-oh!

はつい口からでる「やばい!」です。

「やばい」は,若い人たちの間では近ごろは肯定的な意味合いにも変化し,「素晴らしい」「とてもよい」ことを表現する時に使われるようです。例えば「この料理,ヤバッ!(うますぎて,はまりそう)」という具合です。英語では

 This food is mighty good!

といったところでしょうか。

 以前,NHKのアナウンサーが阪神の星野監督(当時)のインタビュー中「やばい」と口走ってしまい,物議をかもしたことがありました。親しみを覚えた人もいれば,まゆをひそめた人もいるようです。そんな気になる言葉,ほかにもありませんか? (桜井)

世相を表す表現

甘え◉おれおれ詐欺◉クールビズ◉景気回復◉心の豊かさ◉児童虐待◉就職戦線◉食育◉女性専用車両◉救い◉ずさんな◉ストレス発散◉第二の人生◉脱法◉着メロ◉ネット依存症◉魔法◉民間人◉ゆとり教育

Saying it in English

甘　え

2006/03/03

　社会問題となって久しいフリーターやニートの問題を論じる時，よく使われる言葉の一つに「甘え」があります。

　要するに，「今の若い人は，親や社会への甘えがあるから，定職につかずにぶらぶらしているんだ」ということのようです。

　この説の可否はさておき，この「甘え」という言葉，状況によってかなり表現が違ってきます。

　例えば，冒頭の表現なら，

> Young people are so dependent on society and their own parents that they won't even try to find a regular job and instead waste time doing nothing.

などとなります。

「甘え」の部分は，「依存する」という意味で be dependent としました。

　また，昨年（2005年）7月14日付の読売新聞社会面掲載「教育ルネサンス」で，保育所で嫌いな食べ物を先生に食べさせてもらっている友達をうらやましいと思った子供が，家での食事の時，何でも「嫌い」というようになったという話が印象に残っています。

　その中にあった「幼児の『嫌い』は『食べさせて』の甘えもあるように思う」との意見は，

> Little children may express their desire to be spoiled by

saying "I hate it," so their parents feel obliged to feed them.

などとなります。

　この中で,「甘え」を示す部分は "desire to be spoiled" です。また別の表現では,

Little children may seek their parents' attention by 〜 (〜することで親の気を引こうとする)

としてもいいでしょう。

　上記の二つとはかなり違った表現になるケースもあります。

　例えば,最近また大きく取りざたされている官業癒着の場合。多くの人は,「役人も企業も,ばれなければ何をやってもいいという,おごりと甘えがあるんじゃないか」と問題視しているのではないでしょうか。

　これは,

Both bureaucrats and private companies must be arrogant and self-indulgent enough to think they can get away with anything as long as it isn't found out.

などとなります。

　self-indulgent は,身勝手な,自分に甘い,などの意味です。

　今回は,Fさんの質問に答えました。　　　　　　　　　　　(塚原)

おれおれ詐欺

2004/04/02

　どうしてそんなに簡単に信じてしまうの？——誰でもそう思いがちですが，いっこうに被害がなくならないのが「おれおれ詐欺」。息子や孫を装い，交通事故によるトラブル解決などに急いでお金が必要だとだまし，お年寄りに指定した口座に現金を振り込ませるのが一般的な手口です。

「おれおれ詐欺」を英語に直訳すれば，"It's me" (telephone) fraud です。fraud は「詐欺，ぺてん」の意味です。以下の抜粋は，「おれおれ詐欺」による被害を伝えるデイリー・ヨミウリの記事からです。

　　According to the National Police Agency, "It's me" fraud cases last year raked in a total of ¥4.3 billion.

(Feb. 13, 2004)

　（警察庁によると，昨年1年間でおれおれ詐欺による被害は43億円に及んだ）

　❖ according to... は「〜によると」という情報源を明示する表現。National Police Agency は「警察庁」で，略称は NPA。rake in... 「〜をかき集める，荒稼ぎする」, a total of... 「合計で〜」の意味です。

　　　　＊　　＊　　＊

　でも "It's me" fraud だけでは，日本の犯罪事情を知らない外国

人にはピンとこないでしょう。どんな詐欺なのかが分かるように、もう少し説明的な英訳を考えてみましょう。例えばこんな英文にすれば、ぐっと内容が明快になります。

"Ore-ore sagi" is a scam in which swindlers telephone elderly people to deceive them into paying money into specified bank accounts by posing as relatives in urgent need of money.(「おれおれ詐欺」とは、親族を装って高齢者に電話をかけ、お金が急に必要になったと言って指定の口座へ現金を振り込ませる不正行為)

❖ scam は fraud と同様に「詐欺」、swindler は「詐欺師」のことです。deceive A into —ing は「A〈人〉をだまして〜させる」の意味ですが、into にこんな使い方があるのは面白いですね。specified は「指定された」、bank account は「銀行口座」、pose as...は「(人をだます目的で)〜のふりをする」、in urgent need of...は「急に〜を必要とする」の意味です。

お年寄りをターゲットにした「おれおれ詐欺」が増える一方で、若者を狙った「悪徳商法」(fraudulent sales tactics) も後を絶ちません。ゆめゆめ引っかかりませんように。　　　　　　　(柴崎)

(警察庁は 2004 年 12 月、「おれおれ詐欺」「架空請求詐欺」など 4 種類の犯罪を「振り込め詐欺」と命名した)

クールビズ

2005/06/10

　環境省は，28度の室温でも涼しく格好良く働くことができる軽装に，「クールビズ（Cool Biz）」（Coolは涼しい，Bizはビジネスの意味）という愛称を付け，省エネ，地球温暖化防止のために，夏季の軽装普及を目指すキャンペーンに乗り出しました。ノーネクタイ，ノー上着で涼しく，しかもきちんとした印象を与えるというのがポイントとのこと。

　ところで，「クールビズ」は英語でしょうか？　これは和製英語で，外国人にCool Biz styleとか，Cool Biz fashionと言っても通じません。

「クールビズ」のキャンペーンは，

　　wearing casual dress to save energy

などと説明します。casual dressの替わりに，

　　comfortable business wear, summer business wear

も使えます。

　　wearing business shirt without a tie and jacket to save energy

でもいいでしょう。

　（2005年6月）2日付のデイリー・ヨミウリの記事は以下のように伝えました。

　　Workers at central government ministries will not be

wearing jackets and ties from Wednesday under a campaign to save energy through limiting air conditioning. Under the so-called cool biz campaign, workers will turn to a more casual dress code until September.（一部省略）
（中央省庁の職員は，エアコンの使い方を制限し，省エネを目指すキャンペーンとして，1日から上着とネクタイの着用をやめた。いわゆる「クールビズ」キャンペーンのもとで，9月まで軽装を続ける）

「軽装する，地味な服装をする」との意味では，dress down も使えます。逆に dress up と言えば，正装する，盛装する。決まった曜日に軽装する場合は，金曜日なら，have casual Friday という言い方があります。

政府の呼びかけで，東京・大手町周辺では，「クールビズ」の官庁勤務者が見かけられますが，果たして全国の一般サラリーマンに普及するでしょうか。外国メディアは，

Koizumi asked Japan's salary men to get out of jacket and tie, and wear casual dress.（小泉首相は日本のサラリーマンに，上着とネクタイを着用せず，軽装するように呼びかけた）

などと報じました。

(早乙女)

景気回復

2006/01/13

　今回のテーマは「景気回復」。株価をはじめ,いろいろな経済指標が日本の景気回復の兆しを表しています。専門用語が多く,尻込みしがちな経済記事にも挑戦してみましょう。

「景気回復」は economic recovery。「景気が良くなりつつある」であれば,Business (The economy) is picking up (improving). となります。最近の景気に関する意識調査の結果をデイリー・ヨミウリは,次のように伝えています。

　　Japan's business leaders believe the economy is picking up steam, a Yomiuri Shimbun survey has found, a significant change from the majority view last year that it was merely marking time.　　　　　　　　　　　　(Jan. 3, 2006)

　(読売新聞が実施した景気の現状についての調査で,主要企業の経営者は景気が回復していると認識しており,多くの経営者が足踏み状態とした1年前の調査から様変わりした)

❖ pick up steam (活動が勢いを増す,激しくなる), mark time (足踏みする,待機する)

そのほか,覚えておきたい表現に,

　　The economy is on track for a full-scale recovery. (本格的な回復軌道に乗っている)

　　The economy is gradually heading toward a full recovery.

（本格回復に緩やかに向かっている）

などがあります。

　また，動物の雄牛（bull）とクマ（bear）を使い，前者が「相場が上昇する強気な見方」で，後者が「下降する弱気な見方」を表します。形容詞は bullish, bearish。なぜ雄牛が強気で，クマが弱気なのかは"外見"だけからはわかりませんが，「雄牛が相手を攻撃するとき角を下から上に突き上げ，クマは爪を上から下へ振り下ろす動作を例えた」とも言われています。

　ところで，同じ景気でも「景気付け」は威勢，元気を付けること。こちらは a lift または a boost を使い，動詞 give を伴って，

　　His home run gave the team a big lift.（彼のホームランでチームは大いに活気付いた）

　　The new public works projects gave the Japanese economy a real lift.（新たな公共事業は日本経済を大いに景気付けることになった）

などのように使います。ただし，「景気付けに一杯やる」場合には，boost はあまり使わないようです。

　　"Tom has been in the blue all week. Let's take him out for a few drinks and give him a lift."（トムがここ１週間ふさぎ込んでいるから，景気付けに彼を一杯飲みに連れ出そうよ）　　（石田）

心の豊かさ

2006/01/27

　格差，下流などという言葉が流行語になる一方，心の豊かさを求める動きも強まっています。読売新聞の今年（2006年）の年間企画「豊かさ再発見」でも，モノの豊かさにとらわれず，新しい豊かさを考えようとしています。

　デイリー・ヨミウリも，この企画を翻訳して掲載しており，タイトルを "Redefining Values" としました。「価値観を再定義する」という意味で，心の豊かさを見直す意図があります。

　心の豊かさは，richness of the heart。heart のほか mind, spirit も使えます。「年功序列，終身雇用による，これまでの総中流社会を続けることは難しい。物質的な豊かさより，心の豊かさが大切だとより多くの人が考え始めている」という文章は下記のように訳せます。

> The society in which all people feel they are middle-class supported by promotion by seniority and lifetime employment is difficult to continue. More people have begun to think richness of the heart, rather than material wealth, is more important.

better sense of well-being も，心の豊かさと訳せます。

> She has a better sense of well-being after she dropped out of the race for a promotion within her company. （彼女は会

社の出世競争から脱落して，心の豊かさを得た）

"Redefining Values" の中では，団塊の世代の退職者が，新たな生きがいを見つけ，心の豊かさを得たケースを多く紹介しています。会社で得た IT の知識を生かし，地元でボランティア活動を始めた人は，「お金のことばかり考えてきたが，経験を生かして地域貢献をしたくなった」(I used to only think about making money, but now I just want to use my experience to help my community.) と話しています。

表現は異なりますが，「自分のあるがままに満足する」(to feel at ease with oneself) という表現も心の豊かさに通じるものがあるような気がします。"Do you feel at ease with yourself?" と聞かれたら，即座に "Yes." と答えたいものです。

今回は，北海道旭川市の Y さんの質問を採用させていただきました。

(早乙女)

児童虐待

2004/04/23

　幼児, 児童を巻き込んだ痛ましい事件, 事故が頻発しています。まさに"子供受難の時代"と言えそうです。中でも, 親が幼い子供にむごい仕打ちを慢性的に繰り返す「児童虐待」(child abuse) がエスカレートして, 子供を死亡させるケースが目につきます。

　次は, 虐待が引き起こす子供への身体的な後遺症の深刻さを伝えるデイリー・ヨミウリの記事からの抜粋です。

> During the past five years, 129 victims of child abuse aged 15 or younger were reported brain-dead or seriously disabled at 65 medical facilities nationwide, according to the Japan Pediatric Society.　　　　　　(April 6, 2004)
>
> (虐待で脳死状態になったり, 重度の障害を負ったりした15歳以下の子供が全国65の医療施設で, 最近5年間に129人いたことが, 日本小児科学会の調べでわかった)

❖ aged... or younger (elder) は〜歳以下 (以上) といった年齢の幅を表現する便利な用法。brain-dead は「脳死状態の」意味で, 名詞は brain death。disabled は physically handicapped と同義。「虐待する」は, abuse のほかに, ill-treat, mistreat も使います。

　　　　＊　　＊　　＊

　「児童虐待」の最悪の例では, 川崎市の主婦が塾通いをいやがる7

歳の長男を絞殺した事件のようなケースを連想しますが，虐待は目に見える形での暴力（physical abuse）とは限りません。保護者が車の中に幼児を置いたままパチンコや買い物などを長時間続け，幼児をほったらかしにするケースもネグレクト（育児放棄）と呼ばれる虐待の一種です。

　欧米では baby-sitter（子守）を付けずに，親が遊びや用事で外出，幼い子供たちだけが家に残される，いわゆる"ホーム・アローン"（home alone）もネグレクト行為として，厳しくとがめられます。日本と欧米では児童の保護に対する認識に大きな違いがあるようです。

　また，「児童虐待」の特徴は，虐待を受けた側が深い心の傷（トラウマ，trauma）を負い，その多くが親になって子供に同じ虐待を繰り返す悪循環（vicious circle）が見られる点です。

「児童虐待」の特効薬はありません。報道されるのはあくまでも氷山の一角（the tip of the iceberg）に過ぎません。子供たちが発する SOS をいち早くかぎ取れる社会的なシステムの構築が求められています。

（石田）

就職戦線

2006/03/10

　大学生や専門学校生の就職活動。大学生の場合，内定のピークは5月だそうです。彼らの苦労を思うと，「就職戦線」という言葉にうなずけます。

　就職戦線は the employment front, または the employment front line, competition in the job-hunting season とも言えます。

　現在の就職戦線の状況は次のように訳せます。

　　Companies are taking on more new graduates as their business performance recovers. As they prepare for the mass retirement of baby boomers in 2007, companies are pressed to secure human resources, and competition on the employment front line this year is already intense. （企業が新卒採用を増やしている。業績回復に加えて，団塊の世代が定年退職を迎える2007年を前に，人材確保の必要性に迫られているからだ。今年の就職戦線は早くも過熱している）

　front には領域，分野という意味もあります。business front ならビジネス界，labor front は労働界。この意味の front ならば，employment front は雇用状況などと訳せます。

　　　　＊　　＊　　＊

　　One promising development on the employment front is

that more companies are employing more female graduates as executive candidates. (雇用関連の明るいニュースの一つは，より多くの企業が，幹部候補の女性新卒者の採用に積極的になっていることだ)

就職戦線に晴れ間が見え始めた一方，企業が人材を厳選する傾向も強まり，正社員として就職できない学生も増えています。こうした中，最近注目を集め始めているのが「新卒派遣」。半年ほど派遣社員として働き，仕事が自分に合っているか見極めたうえで，会社と合意すれば，正社員になれます。派遣登録を支援する大学も出てきています。

Some graduates work as dispatched employees before becoming regular employees. The employment path of graduates is becoming more diversified. (正社員になる前に派遣社員として働くなど，新卒の就職形態は多様化している)

＊　＊　＊

就職戦線にいる皆さんは，焦らずじっくりと，自分の適性，価値観に合った仕事を見つけてもらいたいと思います。　　　（早乙女）

食 育

2005/10/21

「食育」という言葉を，最近よく耳にします。子どもたちの食生活の乱れが問題になる中，政府は「食育基本法」を施行しました。健康と食事について子供たちに正しい知識を持ってもらおうと，学校や自治体などで様々な試みが始まっています。

食育は英語で，

　to teach children about the importance of healthy eating

または

　to teach children about a healthy diet

と表現できます。

食育基本法は，the basic law on nutritional education などと訳せます。

食育の目的を具体的に説明するなら，

　to provide children with an awareness to pay attention to their diets when more and more children are developing poor eating habits, such as missing breakfast and eating too much junk food（朝食を食べなかったり，ジャンクフードを食べ過ぎたりするなど，子どもたちの食習慣が悪化している中，食事の自己管理能力をつけさせること）

と言えるでしょう。

ジャンクフードを食べ過ぎる子には，

"You shouldn't eat that. It's just empty calories."（それは食べないで。カロリーだけで栄養の少ない食べ物ですよ）
などと注意します。

各地で行われている学習には，食生活と生活習慣病 (lifestyle diseases) との関係を教える栄養学的なものや，時間をかけて作る伝統的な料理「スローフード」(slow food) をシェフから教わって味わうなど，様々なユニークなものがあります。

食品添加物や食品の由来についての知識を高め，食品の安全性への意識の高い消費者 (food safety-conscious consumers) を育てることも含まれます。

食育を考える時，思い出される警句があります。健康のため，食べるものには気をつけなければならないという，

You're what you eat.（人は食べるもので作られる）

ちょっとひねった言い方もあります。

You are where you eat.

人はどこで食べるかで暮らしぶりや生活信条などが分かる，という意味です。きちんとした場所できちんとした食事をする人は，生活も健康も問題ない人だと見てもらえるでしょう。　　　　（早乙女）

女性専用車両

2005/04/15

　新学期早々,満員の通学電車で痴漢に遭っちゃった！　っていう学生さん,多いんじゃないでしょうか。

　そんな女性の悩みを解決すべく先日,JR埼京線に「女性専用車両」(women-only carriage) が導入されました。朝の通勤ラッシュの時間帯 (during the morning rush hour) としては,都内初の試みです。

　痴漢は,英語でgroper。手探りする,まさぐる (grope) 人,という意味です。痴漢行為そのものは,groping,もしくはsexual harassment。少し強い表現ではsexual assaultやsexual offenseなどがあります。

(2005年4月) 4日付の読売新聞夕刊によると,「JR埼京線は都内の電車で痴漢件数ワースト1」(The JR Saikyo line is known as the route with the highest incidence of groping in Tokyo) とのことです。

　専用車両には,"For women only"（女性専用）と,ピンクのステッカーが張ってあります。以下は,この車両を使った女性の喜びの声をデイリー・ヨミウリの翻訳からです。

　　"I'm relieved I don't have to be close to men on the train. Until yesterday, my heart skipped a beat whenever their hands moved near my body."（電車で男の人とくっつかなくて

すむ。昨日まで近くで男の人の手が動くとドキッとしていた）

また，

"I always keep my hands up because I don't want to be mistaken as a groper."（痴漢に間違われないよう電車ではいつも両手を挙げている）

という男性にとっても朗報のようです。

一方，専用車両が階段などから1番遠い場合が多いため，女性があまり乗らず，

The other carriages became more crowded.（ほかの車両の混雑がひどくなった）

との指摘も。

痴漢を撃退する勇敢な女性が増えているようですが，声も出せない女の子も多いはず。多少の混雑はがまんして欲しいというのが正直なところです。

(塚原)

救 い

2006/03/17

　社会格差の広がり，少子高齢化による負担増，目立つ凶悪犯罪，消費税はまた上がりそうだし――など，日本の将来に救いはあるのか，と嘆く声が聞かれます。

　「救い」に該当する単語は色々あります。例えば，rescue, relief, help, salvation などです。

　冒頭の「日本の将来に救いはあるのか」は，

　　Is there any salvation for Japan's future?

などとなります。

　一方，少子化に関しては，こんな考え方もあるようです。

　　It may be the only relief over the issue of dwindling population that society would be able to provide individual children with a better education and the fierceness of school entrance examination races would be reduced.（子供1人1人にきめ細かい教育ができるようになるし，受験戦争が緩和されるのが，せめてもの救いかも）

　同じトーンなら，

　　My husband doesn't earn much, but at least he cooks.（うちのだんなは稼ぎは悪いけど，料理ができるのが救いね）

という表現も頭に浮かびます。

　ところで，米国の日本文学研究者ドナルド・キーン氏は，読売新

聞,デイリー・ヨミウリで同時連載中の自伝「私と20世紀のクロニクル」で,第2次大戦のさなか,ニューヨークの本屋で『源氏物語』の翻訳本に出会った時の喜びをこう紹介しています。
「私の中で戦争に対する憎しみと,ナチに対する憎しみとが衝突していた最悪の時点で,ある種の救いの手が差し伸べられた」(2006年2月25日掲載)。この原文は,

> At the worst point of the conflict within me between hatred of war and hatred of the Nazis, a kind of deliverance came my way.

となっています。deliveranceとは,救い,解放の意。戦中,『源氏物語』の美しい情緒に安らぎを求めたキーン氏の心情をよく表しています。

ちなみに,あるサラリーマン課長の愚痴。

> He always makes mistakes and hasn't done anything as I told him. He's a hopeless dimwit. (あいつは,何をやってもミスをするし,言いつけ通りにできたためしがない。救いようのない役立たずだよ)

……耳が痛いです。日本の将来はともかく,自分の将来に救いを求めるべきかもしれません。

(塚原)

ずさんな

2005/12/09

　政府や自治体，企業などの不祥事を報じるケースで，よく使われる言葉です。

　英語にすると，状況に応じて，sloppy, slapdash, faulty など，いろいろな単語が使えます。

　例えば，問題になっているマンションの耐震強度偽装問題で，姉歯秀次・元1級建築士の構造計算書を再審査したとされる建築士が「姉歯事務所の設計はずさん」とした言葉を，先月（2005年11月）30日付の The Daily Yomiuri では，

　　Aneha's work was sloppy.
と訳しています。

　また同問題で，偽装を見落とした指定確認検査機関の指定取り消しを報じる先月28日の読売新聞1面の記事で，国土交通省が「ずさんな審査による26棟もの偽装見落としが判明しており，厳しい処分は避けられないと判断した」とあります。この場合は，

> The Construction and Transport Ministry has apparently decided that it is inevitable to take severe punitive measures against the company, which was sloppy enough to fail to find falsifications in earthquake-resistance data for 26 buildings.

などとなります。

また，中央官庁などで実態のない予算が付けられていた問題で，2005年9月2日付読売新聞一面の記事では「政府が掲げる歳出削減努力を全く無視したかのような中央官庁のずさんな会計処理が浮かび上がった」とあるのを，翌日付 The Daily Yomiuri は，

> The revelations have exposed a culture of slipshod budget management by ministries and agencies, apparently in utter disregard for budget-tightening efforts touted by the government.

としています。

一方，計画性のない部下に振り回される上司の愚痴なら，

> His hit-or-miss approach always confuses our clients.（彼はやり方がずさんだから，いつもクライアントを困惑させるんだよ）

とか，

> His jerry-rigged schemes always fail to see any conclusion.（計画がずさんだから，いつも尻切れトンボだ）

など。

こんな風に言われないよう気を付けたいと思います。　　　　（塚原）

ストレス発散

2006/02/24

2006年2月のトリノ五輪。大きな期待を寄せていた日本選手の不振に，ストレスが募ったという人も多かったのではないでしょうか。英語で言えば，

Stress builds up (accumulates) when I see the poor performances of Japanese athletes.（日本選手の成績不振にストレスがたまる）

となります。

逆に，「ストレスを発散（解消）させる」というときの動詞は，relieve のほか，alleviate, get rid of が使われます。例えば，

How do you get rid of stress?（ストレス発散法は何ですか）

Drinking is a good way to relieve stress.（酒を飲むことがストレス発散になる）

または，

I get rid of stress by playing tennis.（テニスをやってストレスを発散している）

名詞で「ストレス発散」は stress relief ですが，「発散法」(the way someone deals with stress) となると，この関連の reliever を使って，

Exercise is one of my stress relievers.（運動はストレス発散法のひとつ）

という表現も可能です。

また，let off steam も「ストレスを発散する」意味になります。「余分な蒸気を逃がす」がストレス解消，憂さ晴らしにつながる点は興味深いですね。

> The soccer game enabled me to let off steam. (そのサッカーの試合で憂さを晴らせた)

frustration（欲求不満）も stress に近い意味で使われますが，動詞で用いる場合は，

> I am frustrated by the slow pace of pay rise. (昇給の遅さにいらだつ)

のように受け身形になる点に注意しましょう。ストレスが高じると，体や精神面で変調を来すことになります。

> develop a stomach ulcer from stress（ストレスから胃かいようになる）

そのほかにも，stress-induced hypertension（ストレスによる高血圧），stress-related weight gain（ストレス太り）などがあります。憂さを晴らそうと深酒をしすぎて健康を害したりしたら元も子もありません。さて，トリノ五輪でたまったストレスは，6月ドイツで開催され，日本も出場するサッカー・ワールドカップ決勝大会で発散させたいものです。(この時点ではそう願っていました)　　　　（石田）

第二の人生

2006/01/06

　デイリー・ヨミウリでは，2006年元日付紙面で2007年問題を特集しました。来年から団塊の世代の定年退職が始まり，彼らは今後，「第二の人生」を歩むことになります。

　第二の人生は，一般的には定年退職後の人生ということで，life after retirement または，新しい生き方を始めるという意味を込めて，new life after retirement。

「団塊の世代は，退職後から第二の人生を始める」は，

　　Baby boomers will start a new life after their retirement.

　第二の人生を始める，を直訳すると，have a second life となります。これも have a new start on life の意味で，定年後に新たな人生を切り開こうという人の場合，使えます。

　ただし，ネイティブ・スピーカーによると，この表現でまず思い浮かべるのは，もっと若い世代の人が，大きな転機に新たな人生を始める，または人生をやり直す，という状況とのこと。たとえば，

I started again from the beginning after my company went bankrupt.（会社が倒産した後，私は一からやり直した）

というようなケースです。

I just relax and enjoy post retirement life.（定年退職後，ただリラックスした日々を楽しんでいる）

という人には，have a second life は合わないそうです。

この表現が使える他の状況には，死にかけて蘇生した場合，例えば，

I've been given a second life, because I nearly died of a heart attack but recovered.（私は心臓発作で死にかけたが回復し，新しい命を得た）

といったケースもあります。

* * *

第二の人生と言うにふさわしい定年退職後の人生として，ボランティア活動や起業など，これまでできなかった新しい生き方を，積極的に切り開いていく人もいるかもしれません。起業は，start one's business。会社を作るなら start one's own company。

若々しい熟年の人々（energetic people of mature age）も増えています。彼らは relive their youth（青春を再び生きる）と言えるでしょう。なお second childhood は，老衰，もうろくを意味することになりますから気をつけましょう。

(早乙女)

脱　法

2006/01/20

　最近，街頭やインターネットで簡単に手に入ると言われる「脱法ドラッグ」を規制する動きが活発になっています。

　辞書などによると，脱法とは，「うまく法の裏をかくこと」などとなっています。「違法な」なら illegal, unlawful などですが，脱法の場合は law-evading などを使います。

　脱法ドラッグの場合，「麻薬などと同様に幻覚や多幸感などの精神症状を引き起こすが，化学構造式が麻薬とはわずかに異なるため，麻薬取締法を適用できない」(1月11日付読売新聞朝刊一面) となっており，まさにこの例でしょう。

　これを訳すと，

> So-called law-evading drugs cause psychiatric symptoms such as hallucination and feelings of euphoria. However, as their chemical formulae are slightly different from those of illicit drugs, they are not subject to the Narcotic Control Law.

などとなります。

　また，多くは「クリーナー」「芳香剤」などと表示しているため，現在は薬事法の適用が難しい (As many such drugs are sold as "cleaners" or "fragrance," it is difficult to restrict them under the Pharmaceutical Affairs Law.) など，さらなる脱法性 (qualities appropriated to outmaneuver the law) が指摘されています。

　もう一つ最近の例では，先日強制捜査を受けたライブドアが昨年 (2005年)，時間外取引でニッポン放送株を大量に取得したことを「脱法行為」とする指摘があったばかりです。

　　　　＊　　＊　　＊

　ところで，孔子の論語 (The Analects of Confucius) に，「子曰く，吾れ（中略）七十にして，心の欲する所に従えども矩(のり)を踰(こ)えず」とあります。これは「70歳になると，思いのままにふるまっても道をはずれないようになった」という意味です。これを訳すと，At seventy, I could follow my heart's desire without transgressing the norm. (チャールズ・ミュラー東洋学園大学教授訳) となります。norm は「規範」，transgress は「逸脱する」。脱法とは対極にある世界です。

　70歳になれば，自分もそうなれるかしら？　自信がありません。

(塚原)

着メロ

2004/04/09

　シーンとした通勤電車内でどこからともなく聞こえてくるメロディー。乗客がバッグの中から取り出した携帯電話 (cell phone) はさらにけたたましく鳴り響きます。もともと携帯電話の着信音を区別するために導入されたこの「着メロ（着信メロディー）」ですが，特に若者の間では今や必須アイテムのようです。

　英語では cell phone ring tones，あるいは，melody signaling an incoming call ともいいます。

　以下は，着信メロディーの人気を献血キャンペーンに生かそうという赤十字血液センターの試みを紹介したデイリー・ヨミウリの記事からの抜粋です。

　　Tottori Red Cross Blood Center is targeting young blood donors by offering them free downloads of cell phone ring tones in an effort to boost supplies over winter, a period in which supplies are usually chronically low.　(Feb. 4, 2004)
（多くの若者に献血をしてもらい，慢性的に血液が不足する冬場を乗り切ろうと，鳥取県赤十字血液センターが，献血をすると，携帯電話の着信メロディーを無料でダウンロードできるサービスを始めた）

　❖ Red　Cross　Blood　Center は「赤十字血液センター」で，blood donors は「献血者」，in an effort to...で「〜するために，

〜する目的で」，boost は「押し上げる，高める」という意味です。また，supplies は「供給」という意味ですが，この記事の中では，「血液」つまり「輸血用血液」。chronically は「慢性的に」の意味です。

*　　*　　*

そんな着信メロディーについてもう少し詳しく英語で説明してみると，

> A variety of pay download services now offer unusual sounds to signal incoming calls, including actual samples from hit songs, sound effects, or celebrity voices.（多様な有料ダウンロードサービスから，実際の歌手が歌うヒット曲や，さまざまな効果音，有名人の声などを音源にしたユニークな着信音を入手することもできます）

pay download services は「有料のダウンロードサービス」，sound effects で「効果音」，celebrity は「有名人」。

*　　*　　*

関東，関西地方の鉄道事業者は車内での携帯電話の利用に関して，優先席付近では電源をオフ，それ以外はマナーモード（silent mode）にと呼びかけています。ネイティブによれば「マナーモード」とは典型的な日本語英語だそうです。　　　　　　　　（桜井）

ネット依存症

2006/03/24

　インターネットやオンラインゲームに熱中するあまり，ひきこもったり，育児を怠ったりして，日常生活や家族関係に問題が生じている現象が日本だけでなく，海外からも報告されています。「ネット依存症」と呼ばれ，Internet addiction，依存症の人を Internet addicts などで表現します。addict はもともと麻薬常習者（drug addict）のことで，転じて依存症（の人），中毒者，熱狂的愛好者などの意味で使われます。

　動詞では be addicted to 〜 の形を取り，由来からもわかるように，あまり感心しないことに「ふける」「没頭する」となります。例えば，

　　He is addicted to gambling.（彼は賭け事に病みつきになっている）

　次は，自室にこもり，食事そっちのけでコンピューターに向かうゲーム依存症の男性を伝えるデイリー・ヨミウリの記事からの抜粋です。

　　With his face planted like a dog's into the dinner his mother prepared for him, the online gaming junkie would sit transfixed in front of his computer screen as he continues to play.　　　　　　　　　　　　　　　　(March 16, 2006)

　（オンラインゲームにはまった男性は母親が置いていった食事を犬

のように食べながら，コンピューター画面の前でパソコンの操作を続けた）

❖ would（過去の習慣的動作を表し）よく～した，transfixed くぎ付けになって。

　　　　＊　　＊　　＊

記事の中で依存症は junkie を使っていますが，junkie は addict よりマイナスのイメージが強く，使うときに注意が必要です。Business junkie（仕事中毒）は差別的な表現とされます。ちなみに，家庭生活そっちのけでインターネットに多くの時間を費やす妻を持つ夫は cyberwidower と言います。

さて，alcoholic（アルコール中毒），workaholic（仕事中毒の人）という単語を耳にしたことがあると思います。同様に，ネット依存症は Netaholic とも表現できます。この…(a)holic は応用範囲が広く，

　I'm a shopaholic when it comes to designer goods.（私，ブランド品の買い物中毒なの）

などはぜひ覚えておきたいところです。

ネットの持つ長所がこれまで注目されてきましたが，依存症のような社会に及ぼす負の面も頭に入れて，ネットとのつきあいを考える必要がありそうです。

（石田）

魔　法

2004/09/24

　今月（2004年9月），ハリー・ポッターの新作が発売され大人気です。ハリーたちが使う魔法の言葉を，仲間同士の会話で使ったり，魔法グッズを集める小中学生も多いようですね。今回は魔法に関係する英語を紹介します。

「魔法」は，magic。「魔法をかける」は，use magic, practice magic。

　日本語でも「魔法のようにたちどころに難問を解く」などと比喩(ひゆ)表現を使いますが，英語でも同様です。like magic は熟語で「たちどころに」の意味です。

「魔法の杖(つえ)」magic wand もよく出てきます。デイリー・ヨミウリのハリー・ポッター新作発売についての記事の中では，次の抜粋のように使われました。

　　"As the publishing industry has been in a slump for the past seven years, the series, the Japanese edition of which is published by Say-zan-sha Publications, is viewed as something of a magic wand, bringing customers into booksellers."
　　　　　　　　　　　　　　　　　　　　　(Sept. 1, 2004)

　　(「7年連続の出版不況の中で，静山社刊の日本版シリーズは，書店に客を呼び込む魔法の杖のようなものとみられている」)

　日本語，英語ともに定着している言葉には，プロ野球で使われる

世相を表す表現

「マジックナンバー」magic number があります。あと何勝で優勝できるかという目安ですが，シーズン中盤からマジックナンバーを点灯させてファンが盛り上がるのは，日本ならではのようです。

「魔法使い」は wizard。wizard も天才，名人などを表す比喩表現に使われ，「数学の天才」math wizard,「チェスの名人」wizard at chess などの例があります。現代のコンピューター社会では，wizard と言えばコンピューターに詳しい人も意味します。パソコンの操作ガイド機能も wizard で，日本語でも「設定ウィザード」などと言いますよね。

日本でハリーに匹敵する人気の魔法使いは，陰陽師・安倍晴明でしょうか。陰陽師を翻訳すると Yin-Yang Master です。漫画，アニメなどに陰陽師が登場するので，ちょっとオタクな外国人は結構知っているみたいです。

Onmyoji と言ってから wizards at a Japanese royal court in the Heian period などと説明するそうです。

(早乙女)

民間人

2005/11/25

　先日，紀宮清子内親王が，東京都職員黒田慶樹さんと結婚し，「民間人」の黒田清子さんとなりました。

　(2005年11月) 16日付のThe Daily Yomiuriは，清子さんをthe princess-turned-commoner (民間人になったプリンセス) と表現しています。

　辞書などでは，民間人とは「公的機関に属さない人」とされていますが，この場合は広く一般の人，という意味です。

　例えば，皇室典範は，女性皇族が皇族以外と結婚した場合などは，皇族の身分を離れる，と規定していますが，これは

> The Imperial House Law stipulates that female imperial family members leave the imperial household if they marry commoners.

などと訳すことができます。

　また，女性皇族が民間人になる場合について，いろいろな表現ができます。

　例えば，結婚式当日の読売新聞夕刊で，「正午前，宮内庁職員が新居がある区役所に婚姻届を出し，紀宮さまは皇族の身分を離れて民間人となった」というくだり。The Daily Yomiuriでは，あえてcommonerという言葉を使わず，

> With the registration, the princess formally relinquished her

royal status and removed herself from palace life.（届け出により，内親王は正式に皇族の身分を放棄し，宮殿での生活を離れた）

という表現にしています。

　立憲君主制の英国では，commoner は多くの場合，王族や貴族などに相対する形で使われます。下院を House of Commons（庶民院），上院を House of Lords（貴族院）と呼ぶ身分制の名残があることからもわかります。

　ただ，鼻持ちならない態度のお嬢様に対する皮肉なら，

　　She thinks she's different from us commoners, because her father is a big company's president.（彼女は，父親が大企業の社長だからって，一般庶民の私たちとは違うと思ってるのよ）

という使い方も。

　一方，common は，「普通の」「一般的な」以外に，「共通の」などの意味があります。

　例えば，英国とその旧植民地の連合体を指す the Commonwealth（英連邦）。直訳すると「共通財産」となりますが，英国王のもとに結ばれた対等な独立国家の集まりと定義されています。

　ちなみに，皇室などとの関連ではなく，一般的な意味での民間人は，citizens, civilians などを使います。

（塚原）

ゆとり教育

2005/02/25

「ゆとり」それとも「学力」？ 個性や創造力を重んじる「ゆとり教育」の見直しを巡って論議が盛んです。

詰め込み教育 (rote learning) を反省して「ゆとり教育」が始まったわけですが，導入後3年で主要科目の授業時間を増やす「学力重視」(education that stresses academic ability) へ政策転換しようというものです。

「ゆとり教育」は,「精神的な圧力，または，詰め込み教育から解き放たれた」という意味で, education free from pressure, または, pressure-free education, cram-free education などが使われます。

cram school と言えば学習塾です。「テストのために詰め込み勉強をする」は, cram を動詞で使って, cram for a test。また，受験前の切羽詰まったときなどには, take a crash course in English, または, bone up on English などの表現が可能です。crash から

は「大急ぎの, 突貫工事の」といったニュアンスが伝わってきます。

次は, 最近の調査で, 「ゆとり教育を支持しない」が多数に上ったことを伝えるデイリー・ヨミウリの記事からの抜粋です。

In a recent Yomiuri Shimbun survey, more than 70 percent of respondents said that they did not approve of the government's policy of pursuing "cram-free education."

(Feb. 6, 2005)

(読売新聞の最近の調査で, 「ゆとり教育」を「評価しない」と答えた人が7割を超えた)

❖ approve of ～ は「～を是認する, 認める」。pursue は「追い求める」

* * *

「気持ち, 考えのゆとり (余裕)」では, latitude や leeway が使えると便利。例えば,

have no latitude in one's thinking (考えにゆとりがない)

give the maximum leeway to ～ (～に最大限のゆとりを与える)

です。また, 「ひじを自由に使える余地」から転じて「(活動, 思考の) ゆとり」の意味となった elbowroom なども覚えておきたい単語です。例えば,

give the government more elbowroom in the conduct of financial policy (政府に財政政策を行う際のゆとりをもっと持たせる)

さて, 「ゆとり教育」の是非はともかく, 日常の暮らしに"心のゆとり" (composure, peace of mind) だけは忘れたくないものです。

(石田)

英語にない表現

ニュアンスの違いを英語で的確に伝えるために

甘んじる◉いただきます◉お世話になります◉お互いさま◉頑固な◉ごちそうさま◉させていただく◉時代劇◉素直な◉せっかく◉体育会系の先輩後輩◉〜ちゃんのママ◉とうとう◉懐かしい◉もったいない◉野球人として◉よろしくお願いします

Saying it in English

甘んじる

2006/02/03

　過去の不祥事について批判され，責任を追及された場合，「不満だがやむを得ない」として「甘んじて（批判・責任を）受け入れる」という表現を使います。最近この言葉を耳にしたのは，ライブドア前社長の堀江貴文容疑者を昨年（2005年）の衆院選で自民党が応援した責任を問われた小泉首相の発言でした。デイリー・ヨミウリでは発言の内容を次のように伝えています。

　"I would humbly accept responsibility if a political party has to take the blame for backing a candidate who has been later found to have broken the law." 　　　(Jan. 25, 2006)
　（「政党が支援した候補者が後に違法行為を行ったことがわかった場合，その責任を取らなければならないとするならば，（党総裁として）私は甘んじてその責任を受け入れる」）

　❖ humbly（謙虚に，厳粛に），take the blame for ～（～の落ち度を認める）。小泉発言では，if 以下で「～ならば」と条件を付けたところにその不本意さが伝わってきます。

　ただし，「受け入れざるを得ないあきらめの心境」という微妙なニュアンスを短い文章で的確に表現するのは難しく，accept retaliatory measures by a trading partner with resignation (submissively)（甘んじて貿易相手国の報復措置を受け入れる）のように状況に応じて工夫する必要があります。

ちなみに，humbly の形容詞を使った表現に eat humble pie があります。こちらは完全に間違いを認めた上で「甘んじて屈辱を受け入れる」。中世のヨーロッパでは，王侯がシカの上等な肉を食べ，従者は残りの臓物 (umbles) でパイを作ったそうです。後に umble の部分が humble に変わり，「控えめな，卑しい」の意味になったと言われています。

また，「現状，立場に不満ながらも我慢する」ときの「甘んじる」は，reconcile を使って，

 He found it hard to reconcile himself to his disagreeable situation.（彼は居心地の悪い状態に甘んじられないことに気づいた）

あるいは，

 She was reconciled to a low position in the firm.（彼女は会社での低い位置に甘んじた）

などと表現できます。

さて，ライブドア事件はともかく，スキャンダルに対する関係者の発言を「英語で表現したら？」という発想で行間のニュアンスを探りながら聞く（読む）のも興味深いものです。　　　　　（石田）

いただきます

2004/10/15

　日本では食事前,「いただきます」という決まり文句を言いますが, 英語ではこれに相当する表現はありません。

　食卓で何も言わずに食べ始めるのは, 失礼ではないかと心配になるかもしれませんが, 一般にはそんなことはありません。

　友達同士や家庭で食事を始める時は,

　　　Let's eat.（食べましょう）

と声をかけることもあります。さらに, 食事を作ってくれた人に感謝の気持ちを表し, 食卓の雰囲気を楽しくしたいなら,

　　　This looks delicious. Thank you for preparing the meal.
　　　（おいしそうですね。食事を作ってくれてありがとう）

などと言ってみてください。決まり文句はないので, 自分なりに感謝の気持ちを表現すれば大丈夫です。

　宗教を大切にする家庭では, 食前の祈りをすることもありますが, 一般の家庭でするのはクリスマスくらいだそうです。

「食前の祈りをする」は, say a grace。grace は「食前, 食後の感謝の祈り」のことで, 一般の祈り prayer より短くて簡潔な内容です。たとえば,

　　　Dear God, thank you for providing us with this meal. Amen.（神よ, この食事を与えてくださることを感謝します。アーメン）

などと唱えます。もう少し長い prayer を唱える家庭もあります。どちらとも，家庭によってお気に入りの祈り，favorite grace, favorite prayer があるようです。

「ごちそうさま」に相当する英語の決まり文句もありませんが，

 I'm done.（直訳すれば「食べ終わりました」）

や，

 May I leave the table?（「席を離れていいですか？」）

といった言葉が聞かれます。

 食前と同じで，感謝の気持ちも言いたいですね。

 That was delicious, thank you. I really enjoyed the meal.

などと言えます。

 家庭での食事に招待されていた場合，recipe（料理法）を聞いてみるのもいいかもしれません。

 Can I get the recipe for this delicious～?（このおいしい～の作り方を教えてくれませんか？）

と頼みます。

（早乙女）

お世話になります

2005/07/01

　仕事関係の人や近所の人に会った時のあいさつ「お世話になります」は，どのような表現になるのでしょうか。結論から言うと，決まり文句はありません。仕事関係では，例えば取引先の人などに，

　　We always appreciate your business.

または，

　　Thank you for your patronage.（お引き立てくださいまして，ありがとうございます）

と言うことも可能でしょう。

　しかし，一般的なあいさつでは，「お世話」の意味がはっきりしないことも多くあります。この場合，ぴったりした表現はありません。外国人スタッフ数人に聞いても，皆考えあぐねてから，「こういうあいまいなあいさつは，英語で言うのは無理」とのことでした。

　実際に親切な行為を受けて，Many thanks for your kindness.と言えば，その後のお付き合いもスムーズに行くでしょう。しかし，日本でよく聞かれるこの便利なあいさつの言葉「お世話さまです」を外国暮らしに導入し，普段のあいさつとして Many thanks for your kindness. などとやると，相手は目をパチクリさせてしまうかもしれません。

　英語では，具体的に助力を得たり，親切にしてもらったことに対して，感謝の気持ちを伝えます。たとえば近所の人に，子どものこ

とで感謝するとしたら，Hi, how are you? とあいさつしてから，

> Thank you for always taking care of my child.（いつも子どもの面倒を見てくださって，お世話になります）

などと言います。

以下に世話になったお礼の表現を列記してみました。

旅行中にお世話になった人に，

> Thank you very much for your hospitality during my stay in London.（ロンドン滞在中はお世話になりまして，どうもありがとうございました）

お別れ会のような場面で，

> I'm very grateful for the care I received and I'd like to thank all of you.（皆様のお世話になったことをとても感謝しており，お礼を申し上げます）

医師には，

> My mother is a patient at your clinic. Thank you for taking care of her.（母が診療所でお世話になっており，ありがとうございます）

いろいろ面倒をかけた人に，

> Thank you for all the trouble.

など様々考えられます。今回のテーマはKさんの質問を採用させていただきました。

(早乙女)

お互いさま

2004/12/03

「お互いさま」という言葉のゆかしさをどう表現するのか, と千葉県流山市のKさんから質問をいただきました。

まず,「お互いさま」を使う前提条件は, 双方とも同じ状況や立場にあったり同じ気持ちでいること。例えば, 試験前ぎりぎりに友達のノートを借りて,「ありがとう, 助かるよ」「いいのいいの, お互いさま」なんてこと, ありますよね。

あまり「ゆかしさ」のある会話ではありませんが, この場合,

   Thanks. This is a great help.

に対し,

   It's OK. We always help each other. (いつも助け合いっこじゃない)

となります。

では, もう少しフォーマルな場合はどうでしょう。例えば, お隣の奥さんに小さい子供を預かってもらった場合。

「いつも預かっていただいて本当に助かります」I'm really grateful that you always take care of my child.

「どういたしまして。お互いさまですよ」You're welcome. Thanks is mutual. (うちも預かってもらってるんだから, こちらこそありがとう)

となります。

同じ「お互いさま」でも、かなり違った意味で使うこともあります。例えば、

　「鈴木さん、お会いできてうれしいわ」What a pleasure to see you, Miss Suzuki.

　「こちらこそ（お互いさまです）」The feeling is mutual.

などです。

　逆に、友達と口げんかする時にもよく使いますね。

　「あんたなんてひきょう者じゃない」You're a coward!

　「お互いさまよ」Then you're another!（あんたこそ！）

や、

　It takes one to know one!（自分がそうだからわかるんでしょ）

などです。

　新潟県中越地震では、阪神大震災や台風被害で支援を受けたという人々が、

　「お互いさま」We were helped by everybody, so we'd like to return the favor.（みんなに助けてもらったから、お返ししたくて）

と言ってボランティアでかけつけていました。

　けんかで言い返すのにも便利ですが、できれば優しい気持ちで使いたい言葉ですね。

（塚原）

頑固な

2004/08/06

「自分はこう思う」としっかりと意見を述べる自己主張は，自信を持った物言い（assertive, positive, confident など）というプラスのイメージがある一方，受け取り方によっては，逆に，ずけずけと物を言う（outspoken）や頑固な（opinionated）などのマイナスイメージが生じることもあります。

（2004年）11月の本番に向け，これから佳境に入る米大統領選。米民主党全国大会では大統領候補に指名されたケリー上院議員の妻，テレサ夫人の歯にきぬ着せぬ言動が注目を集めました。次は，テレサ夫人の演説の様子を伝えるデイリー・ヨミウリの記事の抜粋です。

"My only hope is that, one day soon, women, who have all earned their right to their opinions instead of being labeled opinionated, will be called smart and well-informed, just like men." (July 29, 2004)

（「私の唯一の望みは，頑固者呼ばわりされることなく，自分の意見を表明する権利を勝ち取ってきた女性が，近いうちに男性同様に，賢くて見識があると呼ばれるようになることだ」）

opinionated は unduly adhering to one's opinion と言い換えることができ，「自説を曲げない，固執する，独善的な」の意味で，"柔軟性のない頑固者" といった非常にネガティブなニュアンスを伴います。

テレサ夫人のスピーチからは，feminism（男女同権主義）の先進国の米国でも，まだまだ女性の社会進出には「出る杭は打たれる」(The stake that sticks out will get hammered out.) といった障壁が存在している現実が想像できます。

1990年代に米国でglass ceiling（見えない天井）という言葉がはやりました。男女機会均等と言っても，女性は一生懸命corporate ladder（出世街道）を登り，ある程度までは出世するが，glass ceilingに阻まれ，会社のトップにはなかなかなれない，そんな状況を表現したのでした。

さて，民主党陣営幹部も失言を心配するほどの「直言」タイプのテレサ夫人に対して，"現職"ローラ・ブッシュ大統領夫人は「良妻賢母」(a good wife and wise mother) ぶりが人気。夫人の人柄や考え方も夫の人気に大きな影響を与えるだけに，大統領夫人（First Lady）の座を巡る「もう一つの選挙戦」に注目するのも大統領選の見どころかもしれません。 　　　　　　　　　　　　　　　　　（石田）

ごちそうさま

2004/12/17

　神奈川県大和市のOさんから，こんなおはがきをいただきました。通っている英会話学校の先生がよく奥様の自慢話をするので，生徒はみんな「ごちそうさま」と日本語で返すそうです。そこで，英語で適当な言い回しはないかと。

　残念ながら英語で「ごちそうさま」に当たる決まり文句というのはないようです。ただ，日本語の場合と同様，同じ表現でもOさんたちのように冷やかしているのか，それとも本当にへきえきしているのかは，どのような言い方をするかでニュアンスが変わります。

　例えば，Oさんの先生がこんな風に言ったとします。

　　My wife is a very good cook. Her stew is much more delicious than one made at restaurants. (僕のワイフは料理上手でね。シチューなんか，レストランのよりおいしいんだよ)

　これに対して言う冷やかしの「ごちそうさま」は

　　Ah, that's nice. (あら，そりゃすてきねぇ)

　　Oh, really? (へえ，そうなの)

などになりますが，あくまでも明るく冷やかすような言い方で。もしくは，

　　We all know how wonderful your wife is. (何度も聞かされてるから，あなたの奥さんがどんなにすてきかわかってるわよ)

となります。

一方，全くの嫌みとして言いたい場合。例えば

My girlfriend has really good taste. She gave me a watch for my birthday, and its design is very stylish. (僕の彼女ってすごく趣味がいいんだ。誕生日にくれた腕時計なんて，デザインが最高なんだよ)

これに対しては，前述の言い方を嫌みっぽくいうのもよし，また，

Good for you. (そりゃよかったね)

などと切り返すのもいいでしょう。

また，心中，「わかったから，その話はそこらへんでやめて」と思っているけれど，はっきりとはいいづらい。そこで，

Well, anyway... (あ，そう，ところで……)

と言って話題を変える，というのも妙手です。

*　　*　　*

もうすぐクリスマス。聖夜の翌日，友人との会話で「ごちそうさま」と言う側になるか言われる側になるか。あなたはどちら？

(塚原)

させていただく

2005/02/18

　誤った敬語のはんらんに対応するため、文部科学相の諮問機関が正しい敬語実例集を作ることを今月（2005年2月）決めました。問題にされた一つに「過剰な敬語」があります。

　たとえば、「～させていただきます」は、使いすぎに疑問を持つ人が多い例です。会社などでの電話の応対で、「誰々は今日、休ませていただいています」は適切なのか、といった議論があります。とはいえ、適切に使えば敬語として便利なこの表現、英語ではどう言うのでしょうか？

　意味としては、「私に～するのをお許しください」ということから、Allow me. が使えます。ドアを開けて人を先に通す時、ドアを開けさせていただきます、という意味で、Allow me. と言うことがあります。また、パーティー会場やレストランでコートを脱ぎかけた女性に、男性が Allow me. と言って、手を貸します。

ほかによく使われるのは、ビジネスの場でしょう。

　Please allow me to introduce myself.（自己紹介させていただきます）

　Allow me to propose a toast.（乾杯の音頭を取らせていただきます）

　It's very thoughtful of you to allow me to ～（～させていただき、誠にありがとうございます）

などです。

相手の気分をそこねないように反論する時、「言わせていただくなら」というニュアンスで、If you don't mind my saying so...と前置きして、意見を述べるのも手です。

そのほか、ビジネスでは、「今後もお引き立ていただくようにお願いします」という表現をよく使います。人との関係なら、

　I look forward to continuing to work with you.

会社との関係なら、

　I look forward to continuing to do business with your company.

シンプルな表現に思えるかもしれませんが、英語ではフォーマルな場でも、丁寧すぎるとかえっておかしく、これでも大丈夫です。

日常的な会話では、May I ～? Could I ～？と聞けば、「～させていただいていいですか？」という感じが出ます。敬語としてはこれより軽くなりますが、Can I ～？も同様に使えます。

英語には、日本で今問題になっているような過剰な敬語表現はありません。外国人が日本語の敬語を学習する時、苦労するようですが、英語を勉強する日本人は、その点、助かりますね。　　（早乙女）

時代劇

2004/10/22

2004年秋はテレビの時代劇が盛んなようです。「忠臣蔵」「大奥」といったおなじみの時代劇が連続ドラマとして登場し、話題を提供しています。

日本の主に江戸時代を舞台にした時代劇は英語では、a period drama と呼ばれています。英字新聞のテレビ欄では、a samurai drama などとも紹介されています。

英国では、エリザベス女王一世の時代を舞台にした映画やテレビ番組は、a costume drama と呼ばれているそうです。その時代の独特の服装からこのような呼び方があるのでしょう。米国で日本の時代劇にあたるのは西部劇 (a western drama) と言えそうです。

なぜいま日本でテレビの時代劇が盛んなのかはよくわかりませんが、職場の同僚によれば「時代劇(「水戸黄門」が念頭にあります)は筋書きが簡単で肩の力を抜いて見られるし、勧善懲悪がベースにあるので安心してみていられる」とのことです。

欧米では、結末が happy-ending であるものが好まれ、内容が事実に基づいたものでなくても娯楽として満足できればいいという傾向があるのに対し、日本では悲劇的なものの方が好まれるのではないか、というのが英国出身の同僚の見方です。

「忠臣蔵」は、

　　a TV drama about the 47 ronin (masterless samurai) incident in the Edo period, in which 47 samurai avenged their lord's death

「大奥」は,

a TV drama about life in the inner rooms of the Tokugawa shogun's palace, where women of his entourage were housed

などと英語で説明することができます。

ところで,政治の舞台では小泉首相が郵政事業の民営化を改革の「本丸」と位置付け,その実現に躍起となっています。構造改革の最重要課題という意味では, the main pillar of his reform policy と訳すことができます。Postal privatization is at the heart of his reform efforts. という表現も英字メディアで見かけました。

「城攻め」の例えを説明するなら,

Koizumi compared his campaign for postal privatization with samurai warriors seeking to take the keep of the castle of an opposing lord.

などと言うことができます。改革の前進を意味して,「外堀,内堀が埋まった」と言うなら,

Koizumi said he had filled in the outer and inner moats.

です。さてさて,「本丸」を落とし,歴史的な改革の実現となるのでしょうか。

(茂原)

素直な

2005/11/18

　今回のテーマは米国在住15年になるYさんからいただいた質問です。日本語で一口に「素直な」といっても，その場面のニュアンスを英語で的確に伝えるにはどうしたらよいでしょうか，という内容です。いくつか具体的な場面で用法を見てみましょう。
「相手の忠告，意見に耳を傾ける」素直さでは，「広い気持ちで」ととらえ，

> You should be open (receptive) to what people say.（人の言うことは素直に聞くべきだ）

または，「もっと真剣に」と解釈して，

> Can't you listen more seriously to people when they talk to you?（もう少し素直に人の話を聞けないのか）

次は「気持ちを素直に伝える」場面。

> He should have said a simple, honest thank-you. He's not straightforward at all.（素直にありがとうと言っておけばいいのに。素直じゃないよね）

素直のニュアンスを simple, honest, straightforward で表現しています。

　また，受験の発表会場で本人が合格したのに隣にいる友人が不合格といったときは，

> I couldn't be unreservedly happy as my friend failed.

です。この場合の素直には「遠慮なく」。

その他，素直な性格は good-natured，素直で読みやすい文章なら His style is natural and easy to read. また，「素直に白状する」は frankly confess や readily admit などです。

Yさんは質問の中で，日本語で「素直な人間」と言えば好感を持たれるが，英語で obedient, honest などの単語を使って「素直な」を表現しても，「自立」を重んじる米国ではあまり好意的に受け取られない，と指摘しています。特に，obey（服従する）の形容詞 obedient は自己主張して反論することなく，他人の言うことに従うイメージを連想させます。英語を second language として学ぶ者にとって，場面に合った的確な表現を見つけるのは苦労がいります。ぴったりの単語が思い浮かばなければ，説明を加えて何とか相手に伝える努力が必要でしょう。

ところで，日本人は「純粋な」という意味で「ナイーブ」を使いますが，そのまま英語の naive とはなりません。英語では「経験に欠けた，世間知らずな」などの否定的なニュアンスを伴うことが多く，You're very naive. と言われたら喜ぶわけにはいきません。

(石田)

せっかく

2005/06/24

　梅雨に入ると，蒸し暑い日が続きます。この時期には，せっかくの休日が雨で台無しになってがっかりすることもありますよね。

　この「せっかく」という言葉，英語では何と言うのかという質問を読者からいただきました。場面によって微妙に意味合いが異なり，それに合わせて英語の表現も違ってきます。

　例えば冒頭の場合，待ちに待った貴重な休日，という意味で，precious, long-awaited, valuable などを使うのが適当です。文章にすると，

　　The rain spoiled my precious days off.
となります。

　一方，せっかく苦労したのに，とか努力したのに，という場合。
　　My wife spent all of my hard-earned money.（私がせっかく稼いだ金を妻が全部使った）
　　I took the trouble of making all these special dishes for our wedding anniversary, but my wife didn't even remember it.
（結婚記念日にせっかく特別な料理を作ったのに，妻は記念日を覚えてもいなかった）

など。男はつらいですね。

　また，
　　I tried to compliment him by saying he looked handsome in

his new suit, but he thought I was being sarcastic.（せっかく新しいスーツが似合うと言ったのに，彼はいやみに受け取った）

とか，

I came all the way to Hokkaido on business, but my boss called me and told me to return to Tokyo before I had a chance to go to a crab buffet.（せっかくの北海道出張なのに，カニの食べ放題に行く前に帰社命令が下った）

など。これはあまり大きな声で言わない方がいいかもしれません。

　例文を挙げていくと，後ろ向きな内容ばかりのようですが，そうでもありません。例えば，

As you kindly introduced me to her, I'll ask her for a date tomorrow.（せっかくご紹介頂いたので，明日彼女をデートに誘います）

など。その結果，

I'm sorry I wasted your kindness. She brushed me off.（せっかくのご厚意を無にしてすみません。振られました）

となるかもしれませんが。

(塚原)

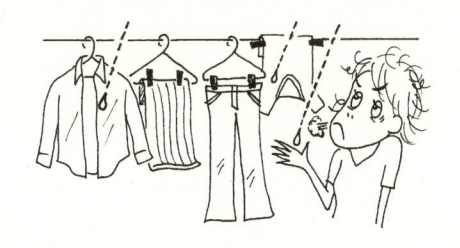

体育会系の先輩後輩

2005/04/22

　体育会系の先輩，後輩を紹介する時，どう表現すればいいでしょうか？

　日本では，運動部での上下関係があり，「私の先輩の誰々です」などと紹介することが多いでしょう。

　しかし，英語圏では，日本人が時に強く意識する先輩，後輩にぴったり当てはまる表現はないようです。チーム内でも日本のように，「○○先輩」と呼ぶことはなく，先輩，後輩に関係なく，日常生活と同様，ファーストネームやニックネームで呼び合います。

　一般論で言えば，「先輩」は，senior, superior, elder, older member, predecessor。「学校の先輩」は，one's senior at school。「職場の先輩」は，senior worker, 助言をしてくれる先輩という意味で，mentor という言葉も使われます。

　old boy と言えば（男子校の）卒業生，old girl と言えば（女子校の）卒業生ですが，日本語と化した OB（オービー）は，英語では使いません。

「後輩」は，junior, younger member。

　関連する表現としては，次のようなものがあります。

　　He is one year my senior (junior). （彼は私の1年先輩（後輩）です）

「彼は大学で1年先輩です（でした）」という場合，

He is (was) one year ahead of me at university.

とも言えます。

「彼女は学生時代，テニス部の先輩（後輩）でした」というなら，

She was our senior (junior) member at our college's tennis club.

日本的なユニークな表現として，「先輩を立てる」は，pay respect to one's seniors と言えばいいでしょう。「先輩面をする」は，pose as a senior。「先輩風を吹かす」は，make much of one's seniority, assume (put on) an air of seniority, assume a patronizing attitude などの表現があります。

As he was always assuming an air of seniority, we couldn't help feeling ill at ease. （彼はいつも先輩風を吹かすので，我々には煙たい存在だった）

などとは言われたくないですね。

今回のテーマは，千葉市美浜区の K さんの質問を採用させていただきました。

(早乙女)

〜ちゃんのママ

2005/03/11

　3歳と1歳の姉弟を子育て中のお母さんから投書がありました。子連れで，子供の友達のお母さんたちと会話する時，「〜ちゃんのママ」と呼ばれることが多いそうです。自分でも，「〜ちゃんのママにごあいさつして」などとよく言うとのこと。こういう会話は英語圏ではどうなっているのでしょうか？

　英語圏では基本的に，お母さん同士に限らず，おつき合いではファーストネームで呼び合います。「〜ちゃんのママ」に相当することを自己紹介で言いますが，自分のファーストネームをきちんと伝えます。

　子供たちがすでに仲良く，お母さんたちが自己紹介するとしたら，
　　Hi, I'm Mary. I'm John's mother. Nice to meet you.
　　Hi, I'm Jill. I'm Jane's mother. Nice to meet you, too.
こんなあいさつがされます。

　この後に，たとえば「太郎ちゃんのママにごあいさつして」(Say

hello to Taro's mom.）といった会話になります。

　ちなみに，お母さんたちが自己紹介し合う場面の一つとして「公園デビュー」が考えられますが，この言葉は英語にはありません。一般的に「デビューする」は，make one's debut。たとえば「歌手デビューする」は，make one's debut as a singer ですが，「公園デビューする」は説明するしかありません。

　　Mothers take their young children to the local park for the first time to meet other children and mothers.

などと言えばいいでしょう。

「これから公園デビューするわ」は，

　　I'm going to join the other moms at the park.

　名詞としては，

　　Mothers' first trip to the park with their babies

などと言えます。

「～ちゃんのママ」のように，ファーストネームがわからないままになってしまう日本式の会話の場面は，ほかにも思い当たります。たとえば夫が友人に，「こちらが家内です」と紹介し，そこで終わってしまう。英語圏の国では，そこで終わるのはまず考えられません。This is my wife, Mary. と，少なくともファーストネームが述べられるでしょう。

　英語で自己紹介したり，身内を紹介する時には，こうした文化の違いを意識しなければならないことがあります。

　　　＊　　＊　　＊

　今回のテーマは，東京都大田区の K さんの質問を採用させていただきました。

（早乙女）

とうとう

2005/09/09

　秋が深まれば，寝苦しい熱帯夜とはそろそろおさらばかな，とうれしく思うことでしょう。でも学生さんなどは「楽しかった夏もとうとう終わりかあ」と，がっかり感じるかもしれません。

　この「とうとう」は，使い方によって色々な言い回しがあります。冒頭の言葉を訳すと，

　　I enjoyed myself so much this summer, but it's finally over. I miss it.

といったところでしょうか。

　夏休みの計画を「とうとう」あきらめなければならなかった人も多いのでは。

　　I wanted to take a trip with my friends this summer, and I asked my mom many times to let me, but she didn't say yes in the end.（友達と旅行に行きたくて，お母さんに何度も頼んだんだけど，とうとう許してくれなかったの）

など。一方，

　　I'd been determined to finish my homework during the summer vacation, but I gave up in the end.（今年の夏休みこそは宿題を全部終わらせようと思っていたんだけど，とうとうあきらめた）

という人はいませんか。

また，この時期はお天気が不安定で傘を持って出かけたほうがいいのか迷うことが多いですよね。

　It's been cloudy since this morning, and I've been wondering when it'd start raining. Now it did at last.（朝からどんより曇っていて、今か今かと思っていたけれど、とうとう雨になったよ）

逆に，

　The weather forecast said it'd start pouring in the evening, but it didn't rain a single drop after all.（天気予報は夕方には土砂降りだって言ってたのに、とうとう一粒も降らなかったじゃないか）

ということもよくあります。

　読者からは，こんな問い合わせがありました。「外国人のボーイフレンドが帰国する時に、『とうとう帰ってしまうのね』と言うのに finally を使ったら、不機嫌になりました」とのこと。おそらく，You're finally going home. と言ったのでしょう。これは言い方によっては「やっと帰ってくれるのね」という意味にもとれるので、悲しそうに言うのがポイントでしょう。こういう時の気持ちを表すには、I wish you wouldn't go home. もしくは、It's a shame you have to go home. などがいいようです。　　　　　　　　　　　　（塚原）

懐かしい

2005/03/04

　衣替えの季節。春物の服を出そうと押し入れを探っていたら，昔のアルバムや子供のころのおもちゃが出てきたりして，「あ，懐かしい！」なんていうこともあるかもしれません。

　この「懐かしい」という言葉，英語では何と言うのかとの質問を読者からEメールでいただきました。

　一般的に，形容詞としての「懐かしい」に当たる単語では，nostalgic が思い浮かびます。これは，nostalgic tune（懐かしさを喚起する調べ）や nostalgic scene（懐かしい光景），友人と昔のことを話していて，

　　I'm being nostalgic.（感傷的になっちゃったよ）

などといった使い方をします。

　でも残念ながらこの単語は，冒頭のように感嘆した時の言い回しとしては適さず，また，日本語と同じ意味を一言で表す英語はないようです。

　懐かしいアルバムを見た場合に，

　　Wow, these photos bring back old memories.（わあ，昔を思い出すわ）

とか，

　　These photos remind me of the good old days!（あの時は楽しかったわ）

などが適当でしょう。

また、おもちゃの場合、

Hey, this is my old Godzilla doll. It takes me back.（子供のころ持っていたゴジラだ。懐かしい）

などです。

旧友に会った場合などに言う「懐かしいなあ！」の場合は、

Long time no see.

や

It's been a while.

が一般的でしょうか。

また、長い間会っていない、という意味で、

I haven't seen you in donkey's years.

という表現も。

It's just like old times.（昔のままだね）

などもよいでしょう。

また、懐かしい場所を訪れた場合にはこんな表現も。

I took a trip down memory lane when I visited my old school.（昔通っていた学校に行ったら懐かしかったわ）

不思議なことですが、卒業式後、クラスメートに再会すると、何年たっても、It's like the good old days. と思えるんです。（塚原）

もったいない

2005/01/21

　環境関係の仕事をしていたかたから,「もったいない」をどう訳したらいいかというメールをいただきました。
「もったいない」は,無駄にすべきではない,というだけでなく,無駄にするのは惜しいという気持ちが加わります。その気持ちを一言で表現するのは難しそうで,状況に応じて説明する必要があるようです。
「無駄にする,無駄遣いする」は名詞,動詞とも,waste。資源,エネルギーなどの無駄遣いは,waste of resources, energy となります。
　何かを捨てたり,無駄にするのがもったいないと,惜しい気持ちを言いたい時も,一般的には,That's a waste.
「この上着はまだ着られるので,もったいなくて捨てられない」と言うなら,

　　This jacket is still wearable. It's a waste to throw it away.
となります。
　さらに,
　　That's a sheer waste.（全くの無駄）
や,
　　What a waste!
と強調する方法が考えられます。

食べ物を捨てることに対し，That's a sinful waste of food.（罰当たりな無駄）などと言えば，やはり強い気持ちが伝わります。

「無駄な，無駄の多い」wasteful という形容詞もあります。名詞は wastefulness。

食べ残しを惜しげもなく捨てる人々を見て，

> Don't they have a sense of wastefulness?（もったいないという感覚を知らないの!?）

と言いたくなる人がいる反面，包装紙など再利用できそうなものを，もったいながって何でもとっておく人もいます。

> She keeps all kinds of wrapping paper because she thinks it's too wasteful to throw them away.

waste を使わない表現もできます。捨てるのは残念，と考えれば，

> I'm sorry to throw it away. または It's a shame to throw it away.

などと言えます。

受験シーズン。受験生が「時間がもったいない。すぐに勉強を始めよう」と言う時は，

> Time is precious. Let's begin to study at once.

今回のテーマは，横浜市青葉区のTさんからの質問を採用させていただきました。

(早乙女)

野球人として

2006/04/07

　このコラムも2006年4月をもって3年目に入り，今回でシリーズ100回目となりました。これからも身近なテーマの英語表現を取り上げ，英語の学習の手助けになればと思っています。

　さて，今回のテーマは「野球関係者がよく口にする『野球人として』はどう表現したらよいのか」という静岡県のUさんからのEメールでの質問です。野球の世界一を争う国別対抗戦の第1回ワールド・ベースボール・クラシック（WBC）で先月（2006年3月），日本が優勝したこともあり，国内のプロ野球にも高い関心が寄せられているようです。

　開幕前日，読売ジャイアンツの原辰徳監督が「野球人として期待が高まります」とインタビューで答えています。この場合，監督という立場を考えれば，

"I'm waiting eagerly for the start of the pennant race as a professional baseball manager."

と表現できます。

　現役選手が「他球団で野球人として生き残りを懸ける」であれば，pin his hopes of survival on playing for another baseball teamでしょうか。ただし，質問の中にあった阪神タイガースの星野仙一シニアディレクターが「野球人として」と発言した場合はどうなるでしょうか。現在，監督，ましてや選手ではありません。肩書を離

れ、「プロ野球界に携わる人間として」と解釈すれば、やや説明調になってしまいますが、as a person (who is) involved in professional baseball と言えるでしょう。

* * *

「〜人として」というほかの表現も見てみましょう。ひとつは「国際人として」で、as an internationally-minded person。小泉首相の靖国神社参拝を巡って騒がれる「公人（私人）として」は、visit the shrine in his capacity as a public (private) person。

そしてもう一つは、「社会人としての」。働く大人と考えれば as a working adult, 社会の一員であれば as a full-fledged member of society。この full-fledged はもともと「羽毛の生えそろった、十分に成長した」の意味で、転じて「成熟した、一人前の」となります。この時期、新入社員の姿が目立ちますが、「自覚を持った社会人」としての活躍を期待します。　　　　　　　　　　　（石田）

よろしくお願いします

2004/10/01

　仕事や日常生活でよく口にし耳にする表現のひとつに,「よろしくお願いします」があります。

　英語では「よろしくお願いします」に当たる表現はないようです。仕事場で新顔としてあいさつする場合, 意味としては,

　　Please accept me and support me.

なのですが, 英国出身の同僚が言うには, 新人は自分の持てる力を発揮して貢献しなければならない立場なので, このような表現は適当でないとのことです。

　　I would do my best.（全力で頑張ります）

という表現がもっとも一般的だそうです。

　　I hope you like my work.

と言えば,「皆さんのお役に立てるよう頑張ります」という意味になります。

　　　　＊　　　＊　　　＊

　新顔として周囲の協力, 支援を請うのは当然, と思うのは, 日本人の甘えの意識の表れなのかもしれません。

　英語では, 職場のトップが新任のあいさつをするときに, 部下の協力を要請するのが自然で,

　　Thank you for welcoming me, and I rely on your support.

などと言ってあいさつするそうです。rely on で「頼りにする」で

す。

　ビジネスの場などで,「この件をよろしくご検討ください」などと言いたいときは,

　　　Please consider my proposal (our company's plan).
と言うことができます。

　　　　　＊　　＊　　＊

　このほか, もっと日常的に何かしてほしいとお願いするときの表現は, Could you〜?, Can you〜? です。筆者も職場で1日に何回も口にしています。英語の翻訳記事をネイティブのスタッフに見てもらうとき, Could you check this story? となります。Please check this story. でもほぼ同じ意味なのですが, 前者の方が, 相手が忙しくてどうしても手が回らないときなどに, "I'm sorry. I'm busy now." と断ることのできる余地を相手に与えている点で, より望ましい表現と考えるからです。

　今回は, Fさんの疑問に答えました。日本語の「よろしくお願いします」は便利な表現ですが, 安易に使い過ぎると相手の胸にはあまり響かないかもしれませんね。

　　　　　　　　　　　　　　　　　　　　　　　　　（茂原）

カタカナ語・和製英語

アンサーバック◉エイリアン◉オンリーワン◉ガッツポーズ◉カリスマ◉ゴールイン◉サポーター◉仕事モード◉ノルマ◉マイブーム◉ラストスパート◉リフォーム

Saying it in English

アンサーバック

2005/12/16

　パソコン，携帯電話にはじまり，身の回りには最新機器に関するカタカナ用語があふれています。コンピューターに詳しくなくても，単語から察して"何となく"その機能が推測できるものも少なくないのですが，いざ英語本来の意味を探ると，全く別の使われ方をしている用語に出くわすこともあります。

　今回読者からいただいた質問は「アンサーバック」(answer back)。車でリモコン式のドアロックの確認をする機能で，例えば，ロックされていればハザードランプが1回，ロックされていなければ3回点滅。ブザーが鳴る方式もあります。「カタログなどの商品説明で見かけるが，実際にアンサーバックは英語で通じるのか」という質問でした。

　デイリー・ヨミウリの外国人スタッフに聞くと，「意図するところが伝わらない」とのこと。日本人なら answer（答える）と back（戻る）の意味を知っていれば，コンピューターが自動的に何らかの方法で，ユーザーの指示に「返答」する機能だとイメージできます。ところが，本来の answer back (to someone) は単に「～に答えを返す」ではなく，answer rudely「開き直って言い返す」，つまり「口答えする」という意味です。

　例えば，

　　The mother scolded her child for answering back.（お母さん

は子どもが口答えしたのでしかった)

answer の代わりに talk を使っても同じ意味です。名詞で「口答え」なら back talk。

Don't give me any back talk. I'll listen to what you have to say in a minute.（口答えするな。すぐに話を聞いてやるから）

　　　＊　　＊　　＊

「アンサーバック」を強いて英語表記すると，ハザードランプであれば，automated signal system，ブザーであれば automated response system などの表現が可能です。また，現金自動支払機 (cash dispenser) で，暗証番号が誤って入力されると「もう1度，正しい番号を入力してください」などと，声で知らせる機能を「音声アンサーバック」と呼ぶそうですが，英語では automated voice guidance（自動音声案内）。

answer back が「口答えする」と知ると，この表現を聞くたびに，ユーザーの指示にコンピューターが口答えしているような連想をしてしまいます。

(石田)

エイリアン

2005/12/02

10年以上前,成田空港の入国審査ブースに,外国人の意味でAlien(エイリアン)と表示を出したところ,外国人からクレームがあったそうです。東京入国管理局によると,それが理由でという記録はないが,その後,表示を変え,外国旅券保持者の意味で,Foreign passports としています。Alien は不快な言葉なのでしょうか?

Alien は,「在留外国人」のほか,「別の宇宙の生物」という意味があります。映画「エイリアン」から,不気味で恐ろしい宇宙生物を連想する人も多いかもしれません。

形容詞では,「なじみがなく恐ろしい」という意味もあります。たとえば,alien environment は敵対的で厳しい環境のことです。

Oxford Advanced Learner's Dictionary 7th edition によると,alien には (often disapproving) from another country or society という説明があり,an alien culture なら,なじめない外国文化といった意味になります。not usual or acceptable との意味もあり,例文として The idea is alien to our religion.(その考えは私たちの宗教では受け入れられない)とあります。

何人かの外国人に聞いてみると,alien は,人間について言うなら,alien registration certificate(外国人登録証明書)などに使われるような法律用語で,普通は不快感などは感じないとのことでし

た。日常会話の中で Are you an alien? と聞かれたら,「あなたは宇宙人？」というジョークと受け取るそうです。いずれにせよ，alien は時と場合を考えて使用するセンシティブな言葉のようです。

外国人ですか？　と聞きたい場合，直訳は Are you a foreigner? ですが，直接すぎるので，

Are you a tourist?

Are you from overseas?

Where are you from?

Are you from around here?

などといった質問の方が当たりが柔らかくなります。

宇宙人と言えば，"Men Are from Mars, Women Are from Venus"（男は火星人　女は金星人）というタイトルの，心理学者が書いた本を思い出します。男女は宇宙人同士ほどに心理が違うというものです。

今回のテーマは，K さんからの e メールでの質問でした。

(早乙女)

オンリーワン

2004/04/16

「世界に一つだけの花」——人気歌手グループSMAPの昨年(2003年)の大ヒット曲のタイトルです。ナンバーワンにならなくてもよい,オンリーワンを目指そう,そんなメッセージがこの曲には込められています。

"One and Only Flower in the World"——曲のタイトルを英語に訳すとこんな風になります。これを only one flower...と訳してしまうと「一輪の花しか(存在しない)」という意味になり,たくさんある中での「唯一の」とか「かけがえのない存在」というニュアンスが伝わりません。

以下は先月(2004年3月)脳梗塞(こうそく)で入院した巨人軍終身名誉監督で日本のアテネ五輪野球チームの監督でもある長嶋茂雄さんについて書かれた「編集手帳」(3月6日付)を翻訳したデイリー・ヨミウリの記事の抜粋です。

Nagashima may be best described as the one and only sunflower rather than the best sunflower. (March 10, 2004)
(原文:ヒット曲の歌詞ではないが,ナンバーワンというよりも,オンリーワンの「こがねひぐるま(ひまわりの異称)」である)

❖ described as...で「〜と呼べる」というような時に使います。rather than...は「〜というより」「むしろ」という意味です。the best...で「一番」とか「ナンバーワン」となります。

＊　＊　＊

Shigeo Nagashima, former Yomiuri Giants star player and manager, can be compared to a flower that shone on the hearts and minds of the Japanese people striving to rebuild their country during the post-World War II years. He was like a giant sunflower placed in the hair of postwar Japan.
（原文：復興への坂道を懸命に歩いた日本人の心を，照らした花がある。笑顔ひとつ，一挙一動で人々を元気づけた背番号3，長嶋さんは「戦後」という髪に挿された超特大のひまわりであったろう）

can be compared to...で「～と例えられる」とか「～になぞらえる」を意味します。shine on the hearts and minds of the peopleで「人々の心を照らす」。strive to...は「～するため必死の努力をする」という時によく使われます。この記事では歌人与謝野晶子の歌が引用されており，髪に挿すというのはその歌の内容と関連しています。

＊　＊　＊

長嶋さんのように超特大の花とまで言わなくても，SMAPの歌が描く小さくてもそれぞれ特別な花を咲かせたいものです。（茂原）

ガッツポーズ

2004/08/27

　日本選手のメダル獲得ラッシュで沸いたアテネオリンピック。勝利が決定した瞬間，誇らしげにこぶしを高々と突き上げたり，はにかみながらも遠慮気味に胸の前で小さくこぶしを握り締めたりと，喜びの表現にも選手の個性が出ます。

　この「ガッツポーズ」は和製英語で，日本語でも同じ「気力，根性」などの意味で使われている guts と pose（姿勢）の合成語です。ボクシング WBC 世界ライト級元チャンピオンのガッツ石松さんが 1974 年に KO 勝ちしてタイトルを奪取した時，両こぶしを突き上げた姿をスポーツ新聞記者がこう表現。これをきっかけに「ガッツポーズ」という言葉が広く知れ渡るようになったと言われています。

　英語では，raise one's fist(s) in triumph で，raise の代わりに clench も用います。また，punch the air in triumph や，pump one's fist(s) は，こぶしを高々と突き上げている様子が伝わってきます。

　具体的には，

The moment he hit the ball he knew it was a homer and raised his fist in triumph.（打った瞬間ホームランと分かる当たりで，彼は思わず片手でガッツポーズをした）

または，

The photograph caught her punching the air with her fist raised in triumph.（その写真は彼女がこぶしを突き上げ，勝利を祝しているのをとらえた）

などです。

*　　*　　*

もともと，gut には「内臓，はらわた，肝」の意味があり，転じて「度胸・勇気」となります。have guts to...（〜するガッツがある），形容詞では gutsy（ガッツのある），gutless（ガッツのない，腑抜けの）です。

"自然な感情の発露"としてのガッツポーズは見ているものの胸を打ちます。ただし，相撲や柔道では「相手に失礼」として敬遠される風潮は依然強く残っています。ホームランを打った選手の過度のガッツポーズは，投手にとって屈辱であり，米大リーグではビーンボールなどの報復が用意されていると言われます。元読売ジャイアンツのクロマティ選手も米大リーグ時代は，日本でやったような派手なガッツポーズは取らなかったようです。　　　　　　（石田）

カリスマ

2004/05/28

　カリスマ店員，カリスマ美容師，カリスマ教師等々，人気，実績があるだけでなく，「オーラ」を感じさせたり，影響力をもつ人を称して「カリスマ」という言葉を使うことがあります。

　英語では，店員なら top salesperson，美容師なら celebrity hairdresser などということができます。

　英語で charisma という語は，一般の人より秀でた才能，権威，教祖的な魅力などを指しています。

　政府は国内各地で観光産業の育成に貢献した人たちを「観光カリスマ」として選定し始めました。北海道ニセコ地域で，ゴムボートに乗って急流を下るラフティングというスポーツを通じて観光客を呼び寄せることに成功した豪州出身の男性などがその例です。

　各地方の観光推進に実績のある人たちと，観光による地域振興を考えている住民らをもっと交流させようというのが政府の目的だとすれば，「観光カリスマ」は "those who have succeeded in attracting visitors from other parts of the country" と説明できます。

　もっと簡略な表現で "successful tourist managers" とか "certain figures within the tourism industry to serve as examples" などということもできますが，デイリー・ヨミウリの記事では charisma, charismatic という表現は使われませんでした。

　　　　＊　　　＊　　　＊

日本でも知られる米国の「カリスマ主婦」マーサ・スチュワートさんは不正株取引の疑いなどで昨年（2003年）物議をかもしました。料理番組や家庭用品販売などで人気を得ていた実業家ですが，海外のメディアがこれまでに使った表現をみると，style maven（おしゃれ生活の達人），celebrity chef and homemaker（セレブな主婦料理研究家），home decorating queen（インテリアの女王）とさまざまですが，charisma は見あたりません。

　　　　＊　　＊　　＊

　逆に，charisma という言葉が頻繁に使われるのは政治の世界です。

　アジアのニュースの中ではミャンマーの民主化運動の指導者アウン・サン・スー・チーさんについて，軍事政権に対する野党のリーダーとして "charismatic party leader" という表現が使われています。

　アメリカの大統領選挙の候補者に関しての記事でも，charisma という言葉がよく出てきます。「カリスマ性に欠ける」などというときは "lack of charisma" となります。　　　　　　　　　　（茂原）

ゴールイン

2004/12/24

1年をレースにたとえると，12月は「ゴールイン」の時と言えます。

さてゴールインというカタカナ語は正しい英語なのでしょうか？

答えは和製英語。マラソンなどレースで「ゴールインする」と英語で言うには，cross the goal, enter the goal, reach the goal などの表現を使います。

ゴールという言葉を使わず，cross the finish line, cross the finishing tape, finish the race, complete the race でもいいです。

関連する表現として，「ゴールインまであと1キロ」という緊迫した状態は，

　　It is one more kilometer to the finish line.

「1着でゴールインする」は，come in first, breast the tape と言えます。後者は，ゴールのテープを胸で切る様子そのままです。2位なら come in second, finish second です。

サッカーなどの球技の話なら，ゴールは得点場所ですから，たとえば，kick the ball into the goal などと言います。サッカーだけでなくバスケットボールなど球技で得点した時は，score a goal, get a goal, win a goal となります。

ゴールには目的，目標の意味もあります。この場合の「ゴールを達成する」は reach a goal, attain a goal, achieve a goal など。

ところで，日本人は，結婚することもよく「ゴールインする」と表現します。
　結婚をゴールインと言うのは女性に多い気がしますが，たとえ結婚が彼女たちの人生のゴール（目標）であったとしても，英語ではゴールインしたとは言いません。
「ついに理想の人とめでたくゴールインした」というニュアンスを出すには，
　　She finally got married to her ideal man.
などと言えばいいでしょう。
　今回のテーマは，京都府向日市のIさんからの質問を採用させていただきました。
（早乙女）

サポーター

2005/06/17

バンコクで行われたサッカーの2006年ワールドカップ・ドイツ大会アジア最終予選（2005年6月）で，日本は北朝鮮を破り，本大会進出を決めました。この試合で注目を集めたのが，観客，サポーターなしという異常事態の中で行われたことでした。

特定のチームを熱心に応援するサポーターという言葉が国内で広まったのは1993年のJリーグ発足以後のこと。

> As a soccer fan, he is a big (enthusiastic) supporter of the Tokyo Verdy.（サッカーファンの彼は，東京ヴェルディの熱心なサポーターだ）

外電では，"supporter"と"soccer fan"の両方が使われていますが，"fanatic"（熱狂的）が由来のファンの方がサポーターよりも感情移入の度合いが強い語感があり，日本人の感じ方と若干異なっているようです。

サポーターが主に個別のチームであるのに対して，ファンはどちらかと言えば，より幅広く，サッカー，野球などの競技全体を対象にしています。

スポーツ以外でも，supporter of a Buddhist temple（檀家），supporter of terrorism（テロ支援国家，テロ支援者）のように，使われ方は多岐にわたっています。また，

> He has lots of supporters around him.（彼は人望が厚い）

He has a secret big supporter behind him.（彼の背後にはある大物の後ろ盾がある）

などの応用表現も可能です。

　ところで，日本語ではサポーターという言葉が様々な文脈で使われるようになりました。例えば，「動物園で好きな動物のえさ代を負担する『動物サポーター』を募集」。この場合，supporter をそのまま使っても相手を理解させるのは難しく，The zoo invites applications for volunteers who wish to cover the cost of feed for their favorite animals. などの言い換えが必要でしょう。

　北朝鮮戦では日本のサポーターが競技場の外から声援を送り続け，2点目のゴールを決めた大黒将志選手は「精神的な支えになった」と話しています。

「心の支え」は moral support を使って，

　　I'll go along with you to give you moral support in front of the boss.（私がいた方が心強いから，一緒に社長の所へ行ってあげるよ）

　さて，最近のＪリーグでは，ひいきチームの選手の怠慢プレーにサポーターからブーイングが浴びせられます。厳しい目を忘れずに，味方チームを応援する，そんな姿が"本物"のサポーターと言えそうです。

（石田）

仕事モード

2005/05/06

　ゴールデンウイークが終わると、多くの人にとっては、いつもの「仕事モード」への切り替えが必要となります。

「モード (mode)」は、もともと「機械、コンピューターなどで、ある特定の動作ができる状態」のこと。以前このコラムで取り上げた携帯電話のマナーモード（121頁参照）もそのひとつです。ただし、マナーモードは和製英語で、正しい英語表現は、silent mode です。日本語では「モード」は、最近、「～の状態」、「～の気分」を意味する言葉として使われています。

「仕事モード」は、「仕事をする気構え」と考え、

　　I spent the Golden Week holidays relaxing with my family. But I have to get back into a working frame of mind. (ゴールデンウイークは家族とゆっくりできたが、仕事モードに戻さなきゃ)

と表現できます。

　また、mode をそのまま用いて、be in work mode という表現も可能です。

　逆に、連休前のうきうきした気分の「お休みモード」は、

　　I have three days off starting tomorrow. I've been in vacation mode since this morning. (明日から3連休。今朝からもう休日モードだよ)

となります。

　また，状況によっては「〜したい気分」や「〜する覚悟」と理解すれば，be in a mood to do 〜, feel like 〜ing, be ready (prepared) to do 〜 などを使って幅広い応用ができます。

　　　　＊　　＊　　＊

「モード」を使ったほかの表現を見てみましょう。

　例えば，「お笑いモード」は，be in the kind of mood that I want to laugh。「戦闘モード」は，be in a fighting mood です。

　　The team got fired up before the big game.（チームは大一番の試合前に戦闘モードに入った）

と言えば，本番前の選手たちの意気込みが伝わってきます。

「就職活動モードに入る」は，get into job-hunting mode。

さらに，You look exhausted.（お疲れモードだね）や，I'm dead serious.（本気モードだよ）は，あえて mode や mood などの表現にこだわらなくても十分に意味は通じます。

　さて，連休モードから一転，語学の勉強には「真剣モード」で臨みたいものです。　　　　　　　　　　　　　　　　　　　（石田）

ノルマ

2005/05/20

「ノルマ」を英語でなんと言うかという質問をいただきました。

よく使われるカタカナ語ですが，和製英語ではなく，ロシア語の norma（英語表記）が元の言葉のようです。仕事の割り当てのことで，第2次世界大戦後に，シベリア抑留者が日本に伝えたという説があります。

ノルマは，assignment, assigned work, assigned task（割り当てられた仕事，課題）と訳されます。

「自分のノルマを果たした」は，

I finished my assignment.

I completed the work assigned to me.

I did my assigned work.

ノルマの量に注目するなら，quota（割当量）があります。work quota, production quota, output quota（生産割当量），sales quota（割り当て売上高）など，ノルマの内容を表す言葉をつけます。

quota を使わずに，production goal（生産目標），sales goal（売り上げ目標）と言ってもいいでしょう。

生産または売り上げノルマを超える結果が出せたなら，exceeded the production (sales) quota, 達成できなかった時は，missed the quota という言い方ができます。

また、job（仕事）という語を用いて、

　My job today is to finish this report.（私の今日の仕事は、このリポートを完成させることです）

と言えば、これもノルマのニュアンスを生じますね。

　一方、ノルマの語源と勘違いされやすい英語 norm は、基準、標準、という意味であり、たとえば、

　In Tokyo, commuting by train and subway is the norm, not driving to work.（東京では、自動車通勤よりも、電車や地下鉄通勤が普通です）

のように使われます。

　どんなノルマにしろ、

　I couldn't find an excuse for not finishing my assignment.

　（ノルマを果たせなかったことに、言い訳のしようがなかった）

という事態には陥りたくないものです。

　今回のテーマは東京都杉並区のNさんからの質問を採用させていただきました。

(早乙女)

マイブーム

2005/11/04

　耳にするようになって久しい,この妙なカタカナ英語。漫画家のみうらじゅんさんによる造語ですが,『現代用語の基礎知識』(自由国民社)が選ぶ1997年の「日本新語・流行語大賞」トップ10というしっかりした"肩書"を持っています。

　意味は,世間の流行とは無関係に,自分が今関心のある物やテーマ。とはいえ,英語では"my boom"という言い方はしません。「夢中になっている」という意味では,be crazy about, be addicted to などと言うのが一般的です。

　例えば,人気のK-1やプライドなどハードな格闘技が好きな女性なら,

> I'm nuts about K-1 and I have a lot of Masato action figures. (私のマイブームはK-1なの。魔裟斗のフィギュアをいっぱい持ってるのよ)

という人もいるのでは。ほかに,

> I've really been into things South Korean since I fell in love with Yon-sama (Bae Yong Joon) and Winter Sonata. I always keep an eye out for new package tours to locations used in South Korean dramas and movies. (ヨン様と冬ソナ(韓国ドラマ・冬のソナタ)にはまって以来,ずっと韓国モノがマイブーム。韓国ドラマや映画のロケ地ツアーは常にチェックしてる

わ）

など。

　では，英語の"boom"はどう使うのでしょう。これには，「響くような大きな音」「人気の急上昇」「にわか景気」などの意味があります。例えば，大地震を経験した住民の言葉。

　　There was a big boom and then everything around me went flying over my head.（すごい音がしたかと思うと，周りの物が全部頭の上を飛んでいったんだよ）

　また，

　　Kyushu's local economy must have profited from the recent boom in shochu production.（最近の焼酎生産の急上昇で，九州の地元経済は潤ったに違いない）

など。経済関係で特によく使われ，the booming economy（好景気）という言い方もします。

「マイブーム」の「ブーム」に近い意味の使い方では，先月（2005年11月）5日のデイリー・ヨミウリで，最近急増している「迷子ヘビ」の話題を取り上げ，見出しに pet snake boom（ヘビをペットにするブーム）という言葉を使っています。

　今回は，NさんからのEメールでの質問に答えました。　　（塚原）

ラストスパート

2004/10/08

　米大リーグ, マリナーズのイチロー外野手は, 2004年のシーズン終盤に入ってラストスパート。ヒットを量産して, シーズン最多安打の新記録を達成しました。

　日本語の「最後のがんばり, 追い込み」に当たるラストスパートは英語でもそのまま使え,

　　With one last spurt, he won the race literally by a nose. (最後の踏ん張りで彼は文字通り鼻の差でレースに勝った)

となります。

「ラストスパートをかける」は put on (forth) a last spurt。ただし,「(ゴール前の瞬間的な) がんばり」を指すことが多く, 広い意味での「追い込み」にはあまり用いません。例えば次のような表現が可能です。

　　My late charge worked and I managed to meet the deadline. (最後の追い込みが効いて, 何とか締め切りに間に合った)

　　With election day about three weeks away, the U.S. presidential election campaign has entered the final stretch. (投票日を約3週間後に控え, 米大統領選もラストスパートに入った)

　　　　＊　　＊　　＊

　次は, アテネオリンピックの女子マラソンで優勝した野口みずき選手が25キロ地点で勝負をかけようとした時, 彼女の監督, スタッ

フが取った行動を伝えるデイリー・ヨミウリの記事からの抜粋です。

Her manager called support staffers positioned along the route by cell phone to tell her that her time was good and she only needed a final spurt to break away from the pack.
(Aug. 24, 2004)

(監督は携帯電話で「いいタイムで走っている。後は集団から抜け出すためにラストスパートをかけるだけだ」と彼女に伝えるように, 沿道に配置されたスタッフに指示を出した)

spurt は元々「エネルギーのほとばしりや全開の活動」を意味し, 動詞では

Blood spurts from wounds. (傷口から出血する)

や

We nearly spurted out laughing. (もう少しで噴き出しそうになった)

また, 経済用語として spurt in stock prices (株価の急騰), growth spurt (急成長) のように使います。

さて, 秋は運動会シーズン。日ごろの運動不足がたたり, いざラストスパートしようとしても足が絡まり転倒する姿を見かけますが, スポーツに限らず十分な"助走期間"があってこそうまくいくようです。今回はNさんのEメールの質問に答えました。　　　(石田)

リフォーム

2004/06/25

　家の改築・模様替えや衣服の仕立て直し，そして小泉首相が唱える「構造改革」にまで，幅広い分野でリフォームという単語が"活躍"しています。

　便利な単語ですが，実は和製英語。英訳するとき，そのまま reform を使うと大きな間違いになります。目的語に応じた動詞の選択が必要です。

　次はデイリー・ヨミウリの記事からの抜粋ですが，「デパートの改装」の部分の訳出に注意して見てみましょう。

> The opening of commercial establishment Coredo Nihonbashi has prompted neighboring major department stores to launch large-scale renovations and refurbish their facilities in a bid to survive increasingly fierce competition in the shopping district in Tokyo. 　　　　(April 20, 2004)
> (東京・日本橋に商業施設「コレド日本橋」が開業したのを機に，同地区にある大手の百貨店は，激しさを増す生き残り競争に勝ち抜くために，大規模な改装に乗り出した)

❖ prompt A to... は「Aに～することを促す」。establishment は「施設」，facilities は「設備」(facility の複数形)。

　英文記事では，「改装」を renovate と refurbish という二つの単語を駆使して表現を工夫しています。

カタカナ語・和製英語

　一般に,「住宅の改装・模様替え」にはrenovate, remodelが使われ,また「磨き上げる,一新する」意味のrefurbishもよく登場します。
　一方,「衣服を手直しする」のは,make overやalterを用い,make over an old coat（古いコートを仕立て直す）, get my dress altered（ドレスをリフォームする）になります。

　　　　　＊　　＊　　＊

本来, reformは,悪慣行を排除し腐敗を正すなど事態を良い方向に変えることで,政治,経済,社会,そして宗教などの改革・改善を意味します。
　小泉首相のスローガン「聖域なき構造改革」はstructural reform without sacred cows。
　英語を勉強する人にとって,世間ではやりのカタカナ英語のイメージを一度取り去り単語と向き合うことは,ひとつの"リフォーム"と言えそうです。
　　　　　　　　　　　　　　　　　　　　　　　　（石田）

季節にちなんだ表現

新年の誓い●お花見●エープリルフール●五月病●衣替え●暑中見舞い●寝不足●暑気払い●ラジオ体操●名残●台風の目●忘年会

Saying it in English

新年の誓い

2005/01/07

　新年に1年の誓い (New Year's resolution) を立てる方も多いのではないでしょうか。この時期，多くの人が禁煙，禁酒に挑戦するものの，意志の弱い人はなかなか長続きしません。

「新年の誓いをする」は，make one's New Year's resolution to ～ です。resolution は resolve の名詞形で強い意志を表します。to 以下に具体的な内容が続きます。タバコをやめるなら，to give up smoking。

　ただし，New Year's resolution には日本語の「三日坊主」に近いニュアンスが伴いますので，注意が必要です。次は，世界的な問題への新たな解決方法を探る必要性を説くデイリー・ヨミウリへの米国人教授の寄稿からの抜粋です。

　It is time for New Year's resolutions, and 2005's are obvious. When the millennium opened, world leaders pledged to seek peace... the world has seen countless acts of violence, terrorism... In 2005, we can begin to change direction.

(Dec. 31, 2004)

(新年の誓いを立てる時だ。そして2005年のそれは明らかだ。21世紀が始まった時に，世界の指導者たちは平和……を追求すると誓った。(それ以降，)世界は無数の暴力行為，テロリズム……を見てきた。2005年，われわれは方向転換を始めることができる)

＊　　＊　　＊

　ところで，2日の夜に見る初夢で，縁起の良い夢を順に並べた「一富士，二鷹，三なすび」は，first Mt. Fuji, second a hawk, third an eggplant に続けて，the order of objects that are traditionally believed to bring good luck if they appear in the first dream of the New Year などの説明をつける必要があります。

　さて，日本人は元旦を特別な日としてありがたがりますが，欧米人には単なる休日であり，中国系の人たちは旧正月を祝い，他の国でも別の日に「正月」を祝うところが多いようです。

　　　＊　　＊　　＊

　また，年末，年始の迎え方も様々で，英語圏の国々では，気の置けない仲間が集まってパーティーを開きます。午前零時を回ると乾杯とキスで新年の到来を祝い，別れ際に日本の「蛍の光」（元々はスコットランド民謡）を歌う習慣が残っています。

「蛍の光」というと，日本では卒業式を連想しますが，本来はしみじみと歌うものではなく，「旧友をしのび，再会を誓う」という内容です。

　　　　　　　　　　　　　　　　　　　　　　　　（石田）

お花見

2005/03/25

　毎年3月になると，「桜前線」(cherry blossom front) のニュースに本格的な春の訪れを感じます。

　とはいえ私たち日本人の多くにとって，桜といえば，やはり「お花見」(cherry blossom viewing) の宴会。新入社員などは，

　　Don't forget to secure a place for our party. Remember to look for somewhere under a nice, large tree. （絶対場所を取ってよ。大きい木の下にしてね）

などと，パーティーの場所取りをやらされることもあるのでは。

　筆者個人の感想で恐縮ですが，「お花見に似ているなあ」と思ったのが，オーストラリア・グラフトンのJacaranda Festival（ジャカランダ祭り）。ジャカランダは南米原産の落葉樹で，10メートルを超える木いっぱいに薄紫の花が咲き乱れる様は，豪華絢爛なソメイヨシノをほうふつとさせます。

　でもオーストラリア人の同僚らによれば，Few Australians know about that. It's a country festival. （オーストラリア人のほとんどが知らない，地方のお祭りだよ）とのこと。それでも，In the park, we see people wining and dining as they picnic under Jacaranda trees. （公園では，ジャカランダの下で食べたり飲んだり，ピクニックする人はいる）と，やはり「花見」の趣旨は同じようです。

一方，英国人の同僚らは，

We don't have such a tradition as having a binge under the flowering trees. (花の下でどんちゃん騒ぎするような習慣はないね)

binge は酒宴での大騒ぎを意味し，翌日の 2 日酔い (hangover) は必至，といったところでしょうか。

*　　*　　*

英国で春の訪れを感じる花は，と聞くと，snowdrop という白い小さな花や crocus (クロッカス)，という答えが返ってきました。

When the first snowdrops come out, we think, "Ah, spring is coming."(スノードロップが咲いたのを見ると，ああ，春だなあ，と思うよ)

楽しみ方や種類は違っても，花の開花に春を感じるのは万国共通ですね。

(塚原)

エープリルフール

2005/04/01

　エープリルフールは「4月ばかの日」。4月1日，害のないうそで，人をからかってもいい，という日です。April Fool's Day と言います。

「人をエープリルフールでかつぐ」という表現には，

　　make someone an April Fool
　　make an April Fool out of someone
　　play a trick on someone on April Fool's Day
　　pull a prank on someone on April Fool's Day
　　play the fool on someone on April Fool's Day

があります。

　英米では，新聞，テレビ，ラジオといった大規模なメディアでも，奇妙きてれつな記事を流すことが少なくありません。最近は，インターネットの大手検索サイトなども加わりました。新聞では次の日に，correction（訂正）記事を載せてエープリルフールの種明かしをします。真に受けてしまった人も，抗議するようなことはないそうです。

　"The Museum of Hoaxes"（悪ふざけの博物館）というサイトによると，米国の雑誌 "Sports Illustrated" 1985年4月号は，ニューヨーク・メッツの新人ピッチャーを紹介する次のような記事を掲載しました。「彼はピンポイントの正確さで時速168マイル（約

269キロ)のボールを投げる。このピッチングの芸術はチベットの聖人のもとで学んだ」。全米のメッツファンはこれほどの才能の発掘に大喜びし,同誌には詳しい情報を求める要望が殺到したとのことです。

But in reality, this legendary player only existed in the imagination of the writer of the article, George Plimpton.
(しかし実は,この伝説的選手は,ジョージ・プリムプトン記者の想像の中にだけ存在したのだった)

ここまでできるとは恐れ入ります。

人々は,家,学校,オフィスなどでもエープリルフールを楽しみます。オフィスでは,勝手に机といすを動かして,事情を知らされていない仲間を驚かすパターンがあります。かつがれた人が当惑していたら,April Fool!と派手におどけて言ってやります。

Who should I play a trick on this April Fool's Day?(今年のエープリルフールは誰にいたずらしようかな)と考えた人はもう実行したでしょうか？

デイリー・ヨミウリは今日(2005年4月)1日,創刊50周年を迎えました。これはエープリルフールのうそではありません。

(早乙女)

五月病

2004/05/07

　大型連休が明けたころよく耳にするのが「五月病」です。もともとは大学の新入生が入学して1か月ほど経過したところで何となくやる気がなくなる，そんな現象を指していましたが，新社会人などにもあてはまる言葉として広く使われています。

「五月病」を文字通り"May disease"，"May blues"と英訳しても，意味をなさないようです。英語にこうした言い回しはなく，あえて訳すなら"freshman"（新入生）特有の現象として，"depression"（憂うつ）や"syndrome"（症候群）という語を用い，"freshman depression"，"freshman syndrome"となります。最近では新入生や新入社員に限らず五月病のような状態が慢性化しているケースもあるようです。

　以下は，読売新聞の「人生案内」に寄せられた読者からの相談を英訳したデイリー・ヨミウリの"Troubleshooter"からの抜粋です。

> I am a 21-year-old unemployed girl. I'm troubled that my life doesn't seem to be going anywhere and that I seem stuck in a rut.（原文:21歳の家事手伝いです。無気力な生活が続いていることに悩んでいます）

"life doesn't seem to be going anywhere"で「人生の目標が定まらない」。"be stuck in a rut"で「わだちにはまったように身動きできない」ような状態を表します。

＊　＊　＊

I want to find a job and become independent, but I'm not very comfortable with people.（中略）I started to think that maybe I am suffering from depression, but I know such thoughts will only allow me to be self-indulgent and flee reality.（原文：就職して自立したいのですが，人と接することが苦手です。（中略）でも，不安ばかりが大きいのです。うつ病を疑ったこともありますが，そういうことにして，ただ逃げ出したいだけなのだと自分が情けなくなりました）

"be self-indulgent"で「自分に甘い」，"flee reality"で「現実逃避する」です。

＊　＊　＊

アメリカなどでは"holiday blues"，"holiday depression"という表現もあります。クリスマスなど休暇期間中，家族や親しい友人と楽しい時間を過ごすのが通常ですが，この時期，孤独感や将来に対する不安にさいなまれる人々の憂うつ状態を言い表す時などに使う表現です。初夏のさわやかさで，心のうっ屈など吹き飛ばしたいものです。

(茂原)

衣替え

2005/05/27

　日中汗ばむほどの初夏の季節となり，6月に入ると，冬服から夏服に制服を替える「衣替え」が見られます。この時期，学生・生徒のまぶしいほどのシャツの白さに，普段の生活で乏しくなっている季節感（a sense of the season）を意識せざるを得ません。

　衣替えを a change of clothing と表現すると単に「着替え」となります。季節に応じて衣服を替える衣替えは，a seasonal change of clothing，または，changing dress for the season。実際の文章では，

　　We change to a different set of clothing at the turn of the seasons.

あるいは，もっと具体的に，

　　We get out our summer clothing and put away our winter and spring clothes.（冬，春物の衣服を片付けて，夏物に衣替えする）

と表現できます。

「衣替え」は，街並み，建物，計画などの装いを替える意味で比ゆ的にも使われます。

　　Since trees were planted along the streets, the town has taken on a fresh new look.（街路樹が植えられて以来，街はすっかり衣替えした）

この場合,「全く新たな装いを帯びた」が,本来の意味です。

The trees changed (improved) the appearance of the towns.

とも表現できます。

建物,店舗などでは,renovate a building (shop)。主に内装,雰囲気を変える場合であれば,「店を和風に衣替えする」は,give a shop a new Japanese look, または, redecorate a shop in Japanese style。

また,計画,提案などに使う時は,

The ruling parties gave the tax reform proposal a new look and put it forward again.(与党は税制改革案を衣替えして再提案した)

となります。

さて,衣替えなら,気分一新も可能で,

The seasonal change of clothing helps us feel fresh as we go about our daily lives.

しかし,レストランや食堂で外装や雰囲気は一新したけれども,味の方は以前と同じでさっぱり,また,計画や提案の体裁は変えたけれども新鮮味に欠けるというケースも見受けられます。

「衣ばかりで和尚はできぬ」(Don't be deceived by appearances. または Clothes don't make the man.) といったことわざも古くからあることをお忘れなく。

(石田)

暑中見舞い

2005/07/22

「暑中お見舞い申し上げます」は英語でどのように言えばいいのでしょうか。

英語圏では，年末年始にクリスマスと新年を祝うカードを送りますが，そのほかには季節にちなんだカードはなく，暑中見舞いもありません。ニュージーランドなど，夏が快適な季節の国や地域では，暑中見舞いは不要でもあります。

それでも夏のあいさつ状を送りたいなら，

 Best wishes for the summer season.（夏のご多幸をお祈りします）

とすればいいでしょう。厳しい夏に，相手の健康を思いやってのあいさつなら，

 I hope you will maintain your health during the summer season.（夏の間のご健康をお祈りします）

とします。

ネイティブ・スピーカーに聞いたところ，日本人に英語で暑中見舞いのはがきを送るなら，「暑中お見舞い申し上げます」の直訳に当たる

 Sending you midsummer greetings.

と書くが，これを英語圏で使うとやはりおかしいとのことでした。

あいさつ状は出さなくても，日常会話の中で，暑さに言及しながら近況を聞くことはあります。親しい人に対して，

 Hi, how are you? Are you surviving the hot summer?（暑い夏をなんとか過ごしてる？）

 Isn't the summer heat getting you down?（夏の暑さに参ってない？）

などと聞けます。

 I hope you are OK in the summer heat.（暑い中，お元気でいらっしゃればいいのですが）

などの表現も可能です。

 「夏ばてする」get tired because of the summer heat
 「暑気あたりする」be affected by the summer heat

こんな状態の人や，見るからに暑そうな「汗っかき」の人（heavy sweater）には，夏の思いやりの言葉をかけてあげたいですが，「暑気払い」（beat the summer heat）に，ビアガーデン（beer garden）に誘ったりするほうが効果的なこともあるかもしれません。

 "How about a beer to beat the summer heat?"

きっと"Good idea."という返事が返ってくることでしょう。

今回のテーマはFさん，Yさんの質問を採用させていただきました。

（早乙女）

寝不足

2005/07/29

　夏の蒸し暑い夜が続くと，寝不足に悩まされることになります。連日熱帯夜で寝不足に見舞われたなら，

　　I made one mistake after another at work due to lack of sleep.（寝不足がたたって職場でミスの連続だった）

　または

　　I'm so behind in my sleep that I can't get excited about work.（寝不足で仕事に気分が乗らない）

なんてことになりかねません。

「寝不足」を表現するとき動詞では，not get enough sleep をよく使います。例えば，

　　Maybe I haven't been getting enough sleep. My eyes are all puffy.（寝不足のせいかな，目が腫れている）

　ひどい寝不足の結果，どうしても睡魔に打ち勝てなくなります。そう言えば，重要な法案審議の最中，船をこいでいる国会議員の様子がテレビ，週刊誌でたびたび取り上げられ，「緊張感が足りない」などと批判されたりもします。終盤に差し掛かった郵政民営化関連法案の参議院での審議でもこうした光景が見られました。

「睡魔と戦う」は fight off sleep，または，struggle with sleep。

　　She tried to fight off sleep, knowing that if she closed her eyes she would never wake up again.（目をつぶったら最後，

2度と目を覚まさないことがわかっていたので,彼女は何とか目をあけていようと懸命だった)

「こっくりこっくりする」「うたた寝する」という意味では doze off を使い,仕事の最中,会議中なら,それぞれ,on the job, during the meeting を後に続けます。

根絶したい「居眠り運転」なら fall asleep at the wheel (wheel はハンドルの意味)。ちなみに,同じ「居眠り」でも take a nap は「(自分の意思で)軽い睡眠を取る」ニュアンスがあり,「仮眠する」「一眠りする」に近くなります。

眠りの浅い(深い)は,sleep lightly (deeply),または,a light (heavy) sleeper などと表現できます。

さて,寝不足がたたり職場でつい居眠りをしてしまい,周囲の同僚に注意されても,I was meditating.(目を閉じて考え事をしていたのさ)などと切り返して,笑いですまされればよいのですが,会議中,寝不足でぼんやりしていたため,大事な発言を聞き逃してとんちんかんな受け答えをしてしまい,

Wake up, sleepyhead. I just said those very words a minute ago.(寝ぼけるな,それはさっき私が言ったじゃないか)

などと叱責される事態は避けたいものです。 (石田)

暑気払い

2004/07/30

　暑さでぐったりしている時は，しばし暑さを忘れさせてくれる何かを試みるもの。ビアガーデンに繰り出すのもよし，花火見物に出かけたり，風鈴の音を楽しんだり，あるいはクーラーの利いた部屋でくつろぐのも暑気払いになるかもしれませんね。

　暑気払いを英語で言うと，to forget the summer heat，あるいは，to beat the summer heat です。

「暑気払いに，ビールでも飲みに行こう」であれば，

　　Let's have a beer to forget the summer heat!

　　　＊　　　＊　　　＊

　それにしても，先週（2004年7月）の記録的な暑さにはまいりました。あのような暑さのことは，sizzling heat, stifling heat, scorching heat などということができます。

　ちなみに，暑さゆえに疲れはてれば，I'm dog tired. などと言えます。なぜ，dog なのかネイティブ・スピーカーもよくわからないそうですが，「このところ暑い日が続く」であれば，

　　These days are dog days of summer.

となります。

「今日は本当に暑い」なら，

　　Today is a real scorcher.

とか，

Today is roasting.

という表現があります。やや乱暴な言い方としては，

    Today is hotter than hell.

もあります。「蒸し暑い」の場合，

    It's sticky.

が一般的ですが，sticky の代わりに，muggy, clammy などとも言うそうです。

*　*　*

土用の丑の日には多くの人が夏バテ対策にとウナギの蒲焼きを食べます。その様子を伝えたデイリー・ヨミウリの記事の見出しは，

    Grilled eel gobbled as Kanto broils

to broil は焼く，あぶるなどとともに，焼けるように暑いという意味があります。関東地方での猛暑と，ウナギを焼く to grill をかけたのです。

昔ながらの打ち水 (to sprinkle water on the ground) など，日本にはさまざまな暑気払いの知恵があることに気付かされます。夏ばてや熱中症 (heat exhaustion) にならないようにくれぐれも気を付けましょう。

(茂原)

ラジオ体操

2005/08/12

　夏休みの時期になると，町内会や学校などで，ラジオ体操をする大人や子供をよく見かけます。

　ラジオ体操は英語で，radio gymnastic exercises または radio gymnastics です。

　「ラジオ体操をする」は，do radio gymnastics。do のほかに，practice, perform, have も使えます。

　動きのいくつかを取り出すと，「背伸び」stretch,「体をねじる」twist body,「腕を回す」rotate arms,「胸をそらす」push out one's chest,「深呼吸する」take a deep breath など。

　日本のラジオ体操のユニークさを英語で説明すると以下のようになるでしょうか。

> Japanese radio gymnastic exercises are light and simple gymnastics to train muscles and to warm up. Regardless of age, people can do it to music and instructions from radio. You can see many neighborhood associations and schools around the nation do the radio gymnastic exercises in groups in the morning in parks and plazas, especially during the summer vacation period.（日本のラジオ体操は，筋肉を鍛え，体を柔軟にする軽く簡単な運動です。年齢に関係なく，ラジオの音楽と指示に合わせてすることができます。全国の多くの

町内会や学校が，朝，特に夏休みの時期に，公園や広場で，グループでラジオ体操をするのを見かけます）

全国ラジオ体操連盟によると，外国にある日本企業の工場でも，始業時や休憩時間にラジオ体操を日課として行っているケースは多いです。(Many Japanese factories overseas do routine radio gymnastic exercises before work begins or during breaks.) 日系人の多いブラジルなどでは一般にもなじみがあるそうです。

とはいえ，外国暮らしの経験がある人に聞くと，集団で行うラジオ体操は，奇異に見られるのがまず普通とのことです。プールサイドで準備運動（warm-up exercises）として黙々とラジオ体操をしていたところ，周りから好奇の目で見つめられたという話も聞きました。

(早乙女)

名 残

2005/08/26

　夏休みが終わりに近づくと，夏の名残を惜しむことになります。
　この「名残」はいくつか違った意味合いがあり，それによって当てはまる英語も変わります。
　例えば，過ぎ去った夏の思い出を惜しむ場合。

　　The summer vacation is nearing its end. I hate it to be over.
　　（夏休みももう終わりなんて，名残惜しいなあ）

　　My heart still aches when I remember the wistful glance my grandson had when he left. （孫が名残惜しげな目をして帰って行ったのを思い出すと，胸が痛むよ）

などがあります。また，旅先から帰る間際に思うのは，

　　Our trip to Hokkaido has been fabulous, hasn't it? I don't want to leave. （北海道，よかったよねえ。名残惜しいよ）

といったところでしょう。

夏休みだけのアルバイトをしている学生さんの中には,

 I'm sad I won't be seeing him when my summer job is over.

または,

 I'm sure I'll miss him when my summer job is over. （せっかくバイト先で知り合った彼ともお別れなんて, 名残惜しいな）

という人もいるのでは。

　一方, 過去のものの名残などの場合, remains, relics, traces, vestiges などを使います。

　例えば, 夏休みに古代遺跡を訪ねた人は, 旅の感想をこう言うかもしれません。

 We found many traces (vestiges) of ancient Greek civilization. （ギリシャでは古代文明の名残があちこちで見られたよ）

　ほかに,「夏の名残」なら, remains of the summer,「米軍による日本占領の名残」は, reminders of the U.S. occupation of Japan などがあります。

　ところで, 英国に帰化した作家カズオ・イシグロの作品に『日の名残り』(1989 年英ブッカー賞＝Booker Prize＝受賞) という小説があります。英国貴族に長く献身的に仕えた後も, 米国人のもとで働き続ける道を選んだ老執事 (butler) の孤独すぎる人生を描いたものです。原題は, The Remains of the Day。映画化もされましたが,「幸福とは何か」「人生とは何か」という思いにとらわれる名作です。

(塚原)

台風の目

2005/09/02

　台風関連の英語表現を見てみましょう。

「台風の目」は英語でもそのまま，the eye of the typhoon。typhoon's center とも言います。

　台風11号（2005年8月）の様子を伝えたデイリー・ヨミウリの記事を引用します。

> Typhoon No.11 was approaching Honshu and was expected to make landfall somewhere in the Kanto region Thursday evening or early Friday. The typhoon was located near Cape Irozaki in Shizuoka Prefecture at 11 p.m. Thursday and was heading northeast at 20 kph. （台風11号は本州に接近し，木曜夜か金曜早朝に関東地方に上陸する見通しだ。台風は木曜夜11時，静岡県石廊崎付近にあり，時速20キロ・メートルで北東に向かっている）

同じ記事には，台風の目も登場します。

> The typhoon was generating winds of more than 90 kph within a 90-kilometer radius of its eye. （台風の目の半径90キロ・メートル以内では，時速90キロ・メートル以上の風が吹いている）

日本の新聞では台風の風速は秒速で表現しますが，英字新聞では時速です。

北中米のハリケーンは男女の人名で呼ばれますが，台風にも名前があることは，意外に知られていません。日本を含むアジア太平洋の14か国・地域が加盟する台風委員会は2000年から，台風に加盟国の言葉で動植物や自然現象に関係する名前をつけています。台風11号は，Mawar（マーワー，マレーシア語でバラの意味）でした。日本語の名前には，「テンビン」「ヤギ」など，いずれも星座に由来するものがあります。

　台風の目と言えば，比喩的に「政界の台風の目」（the central figure of a political storm）などと使われることもあります。2005年の総選挙の台風の目となったのは，小泉首相が放った「刺客」（assassin）候補たちです。

　デイリー・ヨミウリは次のように伝えました。

> The prime minister has adopted a strategy of fielding "assassins" to oust Liberal Democratic Party postal rebels.
> （首相は，自民党内の郵政民営化法案の反逆者を失脚させるため，「刺客」候補者を立てる作戦を取った）

（早乙女）

忘年会

2004/11/26

　11月末から早くも忘年会の予定が入っているという，東京都大田区のHさんから質問をいただきました。

　「忘年会」に相当するのは，英語でyear-end party。でもこれでは「年末のパーティー」で，「忘年」の意味が入っていません。日本特有の忘年会の意味や，連日のように忘年会が開かれる忘年会シーズンをどう英語で表現するのかという問いです。

　忘年会を直訳しても意味が通じませんので，やはり説明するしかありません。たとえば，

　　The Japanese have year-end parties to forget the trials of the old year.（日本人はその年の苦労を忘れるために忘年会を開きます）

　　In Japan, people have year-end parties to celebrate the end of a busy year.（日本では忙しい年の終わりを祝って忘年会を開きます）

といった説明が思い浮かびます。

　忘年会シーズン（the year-end party season）にまつわる表現としては，

　　My schedule is packed with year-end parties.（忘年会のスケジュールでいっぱい）

　職場の忘年会なら，office year-end partyとなります。

party organizer（幹事）になると，限られた予算で忘年会を開く (hold a year-end party on a limited budget) ため，店やコース選びが大変です。

多くの忘年会をやっとこなし終わった状態なら，

　I went through all the year-end parties.（忘年会をすべて終えた）

と一息ついていることでしょう。

英語圏の人も年末には，クリスマスパーティーも含め，year-end party に連日参加するのは珍しくありません。クリスマス当日のパーティーは家族のためですが，そのほかの日は，会社，友人，学校関係など，様々なパーティーを開き，パーティーシーズンは新年会（New Year's party）の時期まで続きます。年末年始に宴会続きになるのは日本だけの現象ではないようです。

南半球のニュージーランド出身の同僚に聞くと，年末年始が夏なので，忘年会，新年会とも，浜辺など野外でバーベキュー・パーティーになることが多く，最高のパーティーシーズンだと懐かしそうに話していました。

（早乙女）

日本語索引

❖太字は見出し語を表しています

❖あ

相性　8
相性が良い(悪い)　9
秋の旬の味わい　65
悪循環　103
悪徳商法　95
浅知恵　19
朝の通勤ラッシュの時間帯　108
足踏みする　98
汗　60,61
汗っかき　205
(AにBを)与える　74
後を引く　10
あぶない計画　88
甘え　92
甘んじて(批判・責任・屈辱を)受け入れる　132,133
甘んじる　132
あやしい　88
歩み寄り　29
歩み寄る　29
荒稼ぎする　94
アルコール中毒　123
アンサーバック　168
言い出したら切りがない　39
言い出しっぺ　12
(活動が)勢いを増す　98
いけてない　73
いけてる　72
イケメン　72
威厳のある　68
いざ　15
いざというとき　14

いざというときに備える　15
依存症　122,123
依存する　92
いただきます　134
位置について　16
位置について，用意，ドン　16
一人前の　163
1年の誓い　194
一番　172
一富士，二鷹，三なすび　195
一新する　191
逸脱する　119
一般的な　127
偽りの涙　67
居眠り(運転)　207
衣服を手直しする　191
違法な　118
癒やし　74
癒やし系　74
癒やす　74
言わせていただくなら　145
うたた寝する　207
打ち水　209
有頂天にさせる　56
腕を回す　210
(Aに〜することを)促す　190
羽毛の生えそろった　163
売り上げ目標　184
うれし泣き　67
(〜を)上回る　9
うんちく　18
エープリルフール　198
エイリアン　170

追い込み　188
追い求める　129
大奥　147
オービー　152
お返しをする　33
起きて　20
お気持ち，お察しします　22
奥の手　40
お先に(失礼します)　27
お先にどうぞ　27
お察しします　22
押し上げる　121
お幸せに!　24
お邪魔します　53
お世話さまです　136
お世話になります　136
お互いさま　138
お疲れ様　26
お疲れモード　183
落としどころ　28
落としどころを心得ている　28
落としどころを探る　28
おなかがいっぱい　65
おなかの周りのぜい肉　65
お似合いのカップル　25
お花見　196
おめでた　30
(ご結婚)おめでとう　25
思いやる　22
お休みモード　182
おれおれ詐欺　94
お笑いモード　183
尾を引く　11
恩　32

恩がある 33
恩返し 32
恩知らずな 32
温泉 74
恩に着せる 33
陰陽師 125
オンリーワン 172
恩をあだで返してはいけない 33
恩を感じる 32

❖か

外国人登録証明書 170
会社を作る 117
改装 190
解放 111
化学反応 8
(〜を)かき集める 94
書き入れ時 34
学習塾 128
学力重視 128
歌手デビューする 155
数え上げたら切りがない 39
勝ち組 87
かっこいい 72
学校の先輩 152
ガッツが(の)ある 175
ガッツのない 175
ガッツポーズ 174
勝てば官軍 44
悲しい涙 67
禍福はあざなえる縄のごとし 51
仮眠する 207
体をねじる 210
カリスマ 176
カリスマ性に欠ける 177
ガリ勉タイプのださい人 73
軽い睡眠を取る 207
観光カリスマ 176

頑固な 140
幹事 217
感傷的に 158
含蓄のある意見 30
がんばり 188
頑張れ！ 36
危機 15
起業 117
危険である 88
危険な状況 88
儀式の 83
季節感 202
気遣い 42,43
気疲れ 43
規範 119
肝がすわっていない 69
気持ち，考えのゆとり 129
逆ギレ 76
虐待する 102
ギャンブル依存症 83
急成長 189
(株価の)急騰 189
急に〜しだす 60
急に〜を必要とする 95
供給 121
共通の 127
今日はお疲れさん 27
切り上げる 39
切りがいい 39
切りがない 38
切り札 40
切り札を使う 41
気力 174
(〜に)切りをつける 39
キレやすい人 77
キレる 76
気を使う 42
銀行口座 95
クールビズ 96
くぎ付けにする 75

くぎ付けになって 123
くだらない 18
口答え(する) 168,169
悔し涙 67
君子は豹変す 63
景気回復 98
景気付け 99
警察庁 94
(〜を)継承する 83
軽装する 97
継続は力なり 44
携帯電話 120
けじめ 46
けじめのない 46
けじめをつける 46
犬猿の仲 9
献血者 120
現実逃避する 201
公園デビュー 155
効果音 121
合計で〜 94
公私のけじめ 46
公人として 163
後輩 152
ゴールイン 178
ゴールインする 178
五月病 200
国際人として 163
ご苦労様 26
心の支え 181
心の豊かさ 100
心のゆとり 129
腰が引けた 69
固執する 140
ごちそうさま 135,**142**
こちらこそ 48
こちらこそごめんなさい 48
こっくりこっくりする 207
困ったとき 15
ごめんなさい 48

雇用状況　104
これは冷や汗ものだ　60
衣替え　202
衣ばかりで和尚はできぬ　203
今後もお引き立ていただくようにお願いします　145
根性　174
困難　15

❖さ

最後のがんばり　188
在留外国人　170
詐欺　94,95
詐欺師　95
桜前線　196
ささいな問題　18
させていただく　144
雑学的な知識　18
察する　22
サポーター　180
三叉路　18
3度目の正直　50
参列する　9
強いられることなく　41
刺客　215
四苦八苦する　60
仕事中毒(の人)　123
仕事モード　182
示唆　30
私人として　163
自信を持った物言い　140
姿勢　174
施設　190
自説を曲げない　140
時代劇　146
実際に得る利益　40
知ったかぶり　19
知ったかぶりをする　19
失礼いたします　52

失礼します　53
指定された　95
児童虐待　102
自分に甘い　201
地味な服装をする　97
社会人としての　163
就職活動モードに入る　183
就職戦線　104
住宅の改装　191
十分に成長した　163
出世街道　141
出席する　9
首尾を一貫させる　54
準備運動　211
生涯の伴侶　9
症候群　200
暑気あたりする　205
暑気払い　205,**208**
食育　106
食育基本法　106
食前の祈りをする　134
職場の先輩　152
女性専用　108
女性専用車両　108
女性的な　72
暑中見舞い　204
城攻め　147
深呼吸する　210
信じられない　78
人生の勝ち負け　87
新入生　200
新年会　217
新年の誓い　194
信用　78
信頼　78
睡魔と戦う　206
末永くお幸せに　25
好きこそものの上手なれ　45
救い　**110**,111
ずけずけと物を言う　140

ずさんな　112
筋を通す　54
すすり泣く　66
ストレスがたまる　114
ストレスによる高血圧　115
ストレス発散　114
ストレス太り　115
ストレスを発散(解消)させる　114
素直な　148
すみません　53
〜するために　120
〜するため必死の努力をする　173
〜する目的で　121
スローフード　107
聖域なき構造改革　191
政界の台風の目　215
生活習慣病　107
生産目標　184
生産割当量　184
成熟した　163
青少年　83
正装する　97
盛装する　97
西部劇　146
政府高官　9
赤十字血液センター　120
責任を回避(転嫁)する　47
〜せずにはいられない　10
せっかく　150
切迫　15
設備　190
(〜を)是認する　129
背伸び　210
善悪(のけじめ)　46
戦闘モード　183
先輩　152
先輩風を吹かす　153
先輩面をする　153

先輩を立てる 153
千里の道も一歩から 45
(本国へ)送還させる 41
卒業生 152
率先垂範 13
外堀、内堀が埋まった 147
備えあれば憂いなし 14
空涙 67

❖た

体育会系の先輩後輩 152
待機する 98
大したことのない 18
大勝利 41
第二の人生 116
台風の目 214
高める 121
妥協点 28
ださい人 73
たちどころに 124
脱法 118
(〜と)例えられる 173
(人を)だまして〜させる 95
檀家 180
男女同権主義 141
力強い 68
痴漢(行為) 108
着信メロディー 120
着メロ 120
〜ちゃんのママ 154
治癒 74
注意を引きつけておく 75
忠臣蔵 146
中毒者 122
中毒になる 83
チョー気持ちいい 78
調査 83
調子づく 56
調子に乗らないで 56,57
調子に乗る 56

詰め込み教育 128
鶴の恩返し 32
できちゃった婚 31
手探りする 108
手の内を見せる 41
デビューする 155
出る杭は打たれる 141
テロ支援国家 180
テロ支援者 180
(数学の)天才 125
天災は忘れたころにやって
 くる 14
テンションが高い 56
〜というより 172
同情して泣く 66
とうとう 156
堂々と立つ 68
道理にかなうようにする 54
独善的な 140
どっちつかずの 47
トランプ 40
とりこになっている 82
取るに足らない 18

❖な

ナイーブ 149
泣きじゃくる 66
泣き面にハチ 51
泣く 66
なごませる効果 75
なごみ系 75
名残 212
名残惜しい 212
(〜に)なぞらえる 173
懐かしい 158
懐かしい光景 158
懐かしさを喚起する調べ 158
夏の名残 213
夏ばて(する) 26,205

何か起きたときには 15
涙もろくなっている 66
涙を流して泣く 66
習うより慣れよ 44
ナンバーワン 172
2度あることは3度ある 51
にわか景気 187
人気の急上昇 187
妊娠した 30
熱狂的愛好者 122
熱狂的 180
熱中症 209
ネット依存症 122
寝不足 206
眠りの浅い(深い) 207
脳死状態の 102
伸びしろ 58
ノルマ 184

❖は

敗残者 86
薄氷を踏む 88
激しくなる 98
波長が合う 9
バツイチ 80
発散法 114
バツニ 80
ババ抜き 41
はまっている 82
はまる 82
はやりの現象 75
ビールっ腹 65
ビジネス界 104
必要なときは 15
ひどく気を使う 43
ひどく心配する 61
一眠りする 207
人々の心を照らす 173
響くような大きな音 187
ビミョー 84

微妙な関係　84
微妙な違い　84
冷や汗　60
180度の方針転換　63
氷山の一角　103
豹変　62
開き直って言い返す　168
ブーム　187
服従する　149
含み　30
(〜を)含んだ　30
ふける　122
不言実行　13
普通の　127
2日酔い　197
腑抜けの　175
フライング　16
振り込め詐欺　95
(〜の)ふりをする　95
米軍による日本占領の名残
　213
別腹　64
ぺてん　94
忘年会　216
ポーカーフェース　41
没頭する　122
本気モード　183
本丸　147

❖ま

マイブーム　186
負け犬　86
負け組　87
まさぐる　108
(〜に)勝る　9
マジックナンバー　125
まずい状態　88
まず隗より始めよ　12
マナーモード　121,182
魔法　124

魔法使い　125
魔法の杖　124
魔法をかける　124
ママさん選手　31
麻薬常習者　122
慢性的に　121
見えない天井　141
磨き上げる　191
見かけ　73
水と油　9
未成年者　83
見せかけだけの涙　67
(〜に)満ちた　30
認める　129
民間人　126
蒸し暑い　209
むしろ　172
無駄遣いする　160
無駄な　161
無駄にする　160
無駄の多い　161
夢中になっている　82,186
胸をそらす　210
(チェスの)名人　125
(〜の)恵み　74
めっちゃ悔しい　79
もうろく　117
モード　182
(AにBを)もたらす　74
もったいない　160
物差し　87
模様替え　191
もらい泣き　66

❖や

野球人として　162
やばい！　88
やばそうな客　88
病みつきになる　83,122
和らげる　74

憂うつ　200
勇敢に　68
「有言実行」型　13
有名人　121
有料のダウンロードサービ
　ス　121
輸血用血液　121
(活動,思考の)ゆとり　129
ゆとり教育　128
よく〜した　123
欲を言えば切りがない　38
欲求不満　115
(〜と)呼べる　172
(〜に)よると　94
よろしくお願いします　164
よろしくご検討ください　165
弱り目にたたり目　51

❖ら

ラジオ体操　210
ラストスパート　188
離婚する　80
離婚歴のある人　80
リフォーム　190
流行遅れのださい人　73
良妻賢母　141
りりしい　68
りんとして　68
例を挙げたら切りがない　39
老衰　117
労働界　104
論語　119

❖わ

若者言葉　78
割り当て売上高　184
割り当てられた仕事, 課題
　184
割当量　184

コレって英語で？
Saying it in English by The Daily Yomiuri

2006年9月30日 初版発行	
2006年12月15日 再版発行	

編 者	デイリー・ヨミウリ
発行者	今泉弘勝
発行所	株式会社東京堂出版 〒101-0051 東京都千代田区神田神保町 1-17 電話 03-3233-3741　振替 00130-7-270
印刷製本	図書印刷株式会社

ISBN4-490-20595-3 C0082
Ⓒ The Daily Yomiuri, 2006, printed in Japan

東京堂出版●好評発売中

Q&A 英語の疑問相談室
押上洋人，清水順，中山千佐子，楠浩恵著❖A5判❖272頁❖本体1900円
●英語の悩みをすっきり解決！ 文法・表現から学習法まで英語に関する読者からの様々な疑問に答える，デイリー・ヨミウリに好評連載中のコラムを収録。

最新ニュース英語辞典
デイリー・ヨミウリ編❖四六判❖504頁❖本体2600円
●政治，経済，社会などニュースによく登場する用語や新語，英訳しにくい表現など約7000語収録。現役の英字新聞記者による現代用語の和英表現辞典。

「ニュースの英語」に強くなる本
読売新聞国際部編❖四六変型判❖320頁❖本体1900円
●読売新聞夕刊に好評連載中の「ニュースの英語」から英字新聞でよく使われる表現525項目を収録。世界のニュースを厳選し，今を映す「生きた英語」を紹介。

英語の感覚感情表現辞典
上地安貞，谷澤泰史著❖四六判❖400頁❖本体2200円
●視覚・聴覚・嗅覚・味覚などの感覚表現と喜怒哀楽など気持ちを表す感情表現を発想分類別に約2200項目収録。色，体調，からだ言葉など関連表現も充実。

英会話ちょっとした言い方表現辞典
プロヴォ，ギブソン，菅原千津著❖四六変型判❖504頁❖本体2000円
●「朝飯前だよ」「あんまりだ」「感動した」「どきっとした」など言えそうで言えない言い方，覚えて便利な英語らしい英語の決まり文句を多数収録。

外国人のためのローマ字日本語辞典
柴田正昭編著❖四六判❖408頁❖本体2300円
●日本語が読めない人でもすぐ引けて簡単に発音できるようになるローマ字表記の外国人向け英和辞典。4500語を収録し日常生活に役立つ例文・慣用句も充実。

日本語から引ける 中国語の外来語辞典
鈴木義昭，王文編❖四六判❖336頁❖本体2400円
●「Eメール」「マクドナルド」「ハリー・ポッター」って中国語でどう言う？電脳語・ブランド名から地名・人名・企業名までカタカナ語の中国語表記が分かる。

（定価は本体＋税となります）